首都圏から行く

個性派
ミュージアム
案内

おとなの好奇心を満たす博物館へ

町田 忍 監修

Mates-Publishing

目次

首都圏から行く　個性派ミュージアム案内　おとなの好奇心を満たす博物館へ

東京

日本文具資料館 ······················ 6
ブレーキ博物館 ······················ 8
明治大学博物館　刑事部門 ············ 9
WHAT MUSEUM 建築倉庫 ·········· 10
マイコン博物館 ······················ 12
建設技術歴史展示室 ·················· 14
印刷博物館 ·························· 15
唐澤博物館 ·························· 16
凧の博物館 ·························· 17
国立極地研究所　南極・北極科学館 ······ 18
容器文化ミュージアム ················ 20
台東区立書道博物館 ·················· 21
絶滅メディア博物館 ·················· 22
旧新橋停車場　鉄道歴史展示室 ········ 24
時刻表ミュージアム ·················· 26
送水口博物館 ························ 28
目黒寄生虫館 ························ 29
東京農業大学「食と農」の博物館 ······ 30
刀剣博物館 ·························· 31
豊島区立トキワ荘マンガミュージアム ··32
東京大学総合研究博物館 ·············· 34
豊島ふくろう・みみずく資料館 ········ 36
町田忍の博物館訪問レポート ·········· 38
物流博物館

神奈川

明治大学平和教育登戸研究所資料館 ···40
横浜山手テニス発祥記念館 ············ 42
横浜市電保存館 ······················ 44
観音ミュージアム ···················· 45
シルク博物館 ························ 46
パチンコ誕生博物館 ·················· 48
海上保安資料館横浜館 ················ 49
ニュースパーク（日本新聞博物館）····50
原鉄道模型博物館 ···················· 52
日本大学生物資源科学部博物館 ········ 54
「骨の博物館」
真鶴町立遠藤貝類博物館 ·············· 56

ようこそ個性派ミュージアムへ

関東エリアには、専門分野に特化した博物館や資料館が数多く存在します。その分野に関する収蔵品・展示品の珍重さにおいては日本一、いや、世界一と言えるかもしれません。関東一円に足を延ばし、オトナの好奇心を満たす個性派のミュージアムを訪ねてみませんか。

監修：町田忍（まちだ・しのぶ）PROFILE

1950年東京目黒生まれ。大学在学中、博物館学芸員資格取得実習に行った国立博物館で博物学に興味を抱く。卒業後は警察官を経て、少年時代より収集してきた商品などを研究するために「庶民文化研究所」を設立。現在は執筆の他、コラムニスト、コメンテーター、映画・テレビ・ラジオ出演、ドラマの時代考証など多方面で活躍中。

本書の情報は2024年10月のもので、平常時のものを記載しています。ゴールデンウィークや夏季・年末年始の特別期間などにより、開館日時・休館日・料金・予約の必要など、掲載内容と異なる場合がございます。お出かけの際にはＨＰなどで必ず事前にご確認ください。

本書の見方

東京

1

日本文具資料館

文具マニアがまっしぐら

「東京文具販売健保会館」1階にて、文具メーカー、卸、小売の各業者有志の協力により昭和60年に開館した。文具は身近な生活用具だが、貴重な歴史資料や絵画、また文学作品も、一本の筆記具から生み出されたと言っても過言ではない。文具の果たしてきた役割を振り返り、文化遺産として後世に伝えることを目的とする資料館だ。

筆、硯から、万年筆、鉛筆、ボールペン、シャープペンシルなど様々な筆記具からそろばん、計算機までが展示されている。学校単位での見学や散歩がてら立ち寄る来館者も多いが、「文具マニア」は、それぞれ"目的"のコーナーへまっしぐら。鉛筆が作られる過程を実物で見られる展示は、子どもにも人気だ。映画やドラマで使う小道具の時代考証のために訪れる関係者もいるという。どの文具にも流行や技術の向上が反映されている。

おなじみの文具から見たことのないようなものまで

6

2

見どころ

展示室そのものがレトロでいい感じ！

なつかしのセルロイドの筆箱も展示

電卓が登場する以前、昭和40年代まで広く使われていた「手回し計算機」。足し算、引き算、掛け算、割り算、何でもできる。使い方は資料館の係員に聞いてみよう。「手回し計算機」の展示の隣には、今の電卓の基礎となった「リレー式計算機」も展示されている。机のような大きさにはびっくり

江戸時代の携帯筆記具「矢立」。材質は、鉄や銅から金、銀、鹿角、象牙、竹、漆、木、陶器などに加え、彫刻や蒔絵を施したものなど、実用品としてはもちろん、工芸品としても親しまれるように

世界各国のペーパーナイフ。お国柄が出ている。17・8世紀頃のヨーロッパでは印刷された本は4ページ単位で切り離されずに製本されていた為、ペーパーナイフで切り開きながら読んでいた

3

DATA

4

日本文具資料館

東京都台東区柳橋1-1-15
東京文具販売健康保険組合会館1F
TEL 03-3861-4905
13:00～16:00
(休) 土・日・祝日、年末年始
(交) JR総武線・都営浅草線浅草橋駅より徒歩5分
(料) 無料 (駐) なし (予約) 不要

こちらは徳川家康や伊達政宗が使った鉛筆を復元している。歴史上の人物に思いを馳せながら展示を楽しもう

7

1	館名	ミュージアムの名称です。
2	見どころ	特に注目したい見どころポイントです。
3	ジャンル	博物館の特徴をふまえ「自然科学」「歴史文化」「アート」「趣味」「産業」の５つに分類しました。
4	利用概要	所在地、開館時間、休館日、料金、問い合わせ先などの情報です。休館日の詳細、団体の料金や予約、各種割引などについては、各ミュージアムへお問い合わせください。

自然科学　歴史文化　アート　趣味　産業

東京

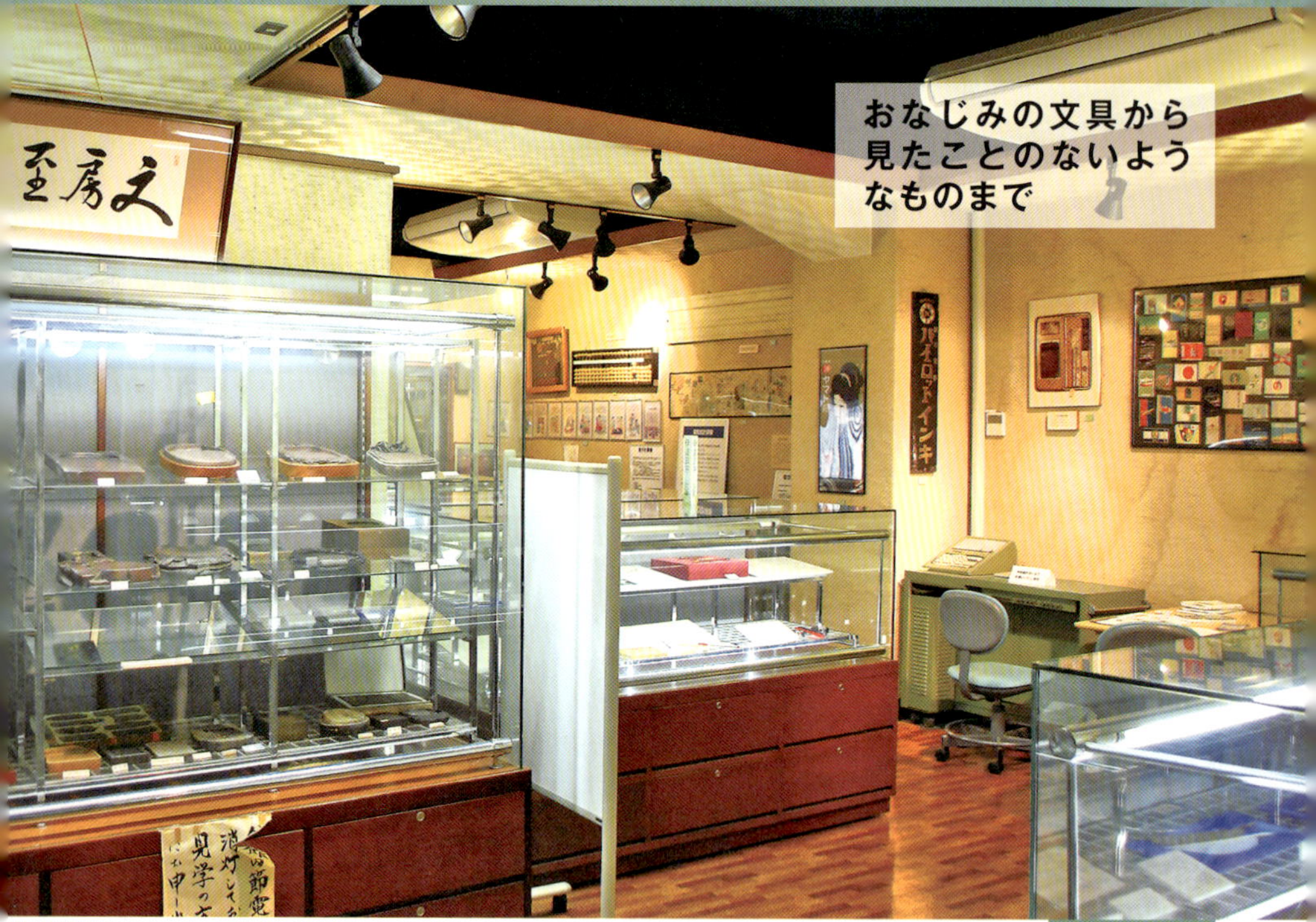

おなじみの文具から見たことのないようなものまで

東京

日本文具資料館

文具マニアがまっしぐら

「東京文具販売健保会館」1階にて、文具メーカー、卸、小売の各業者有志の協力により昭和60年に開館した。文具は身近な生活用具だが、貴重な歴史資料や絵画、また文学作品も、一本の筆記具から生み出されたと言っても過言ではない。文具の果たしてきた役割を振り返り、文化遺産として後世に伝えることを目的とする資料館だ。

筆、硯《すずり》から、万年筆、鉛筆、ボールペン、シャープペンシルなど様々な筆記具からそろばん、計算機までが展示されている。学校単位での見学や散歩がてら立ち寄る来館者も多いが、「文具マニア」は、それぞれ〝目的〟のコーナーへまっしぐら。鉛筆が作られる過程を実物で見られる展示は、子どもにも人気だ。映画やドラマで使う小道具の時代考証のために訪れる関係者もいるという。どの文具にも流行や技術の向上が反映されている。

見どころ

展示室そのものがレトロでいい感じ！

なつかしのセルロイドの筆箱も展示

電卓が登場する以前、昭和40年代まで広く使われていた「手回し計算機」。足し算、引き算、掛け算、割り算、何でもできる。使い方は資料館の係員に聞いてみよう。「手回し計算機」の展示の隣には、今の電卓の基礎となった「リレー式計算機」も展示されている。机のような大きさにはびっくり

江戸時代の携帯筆記具「矢立」。材質は、鉄や銅から金、銀、鹿角、象牙、竹、漆、木、陶器などに加え、彫刻や蒔絵を施したものなど、実用品としてはもちろん、工芸品としても親しまれるように

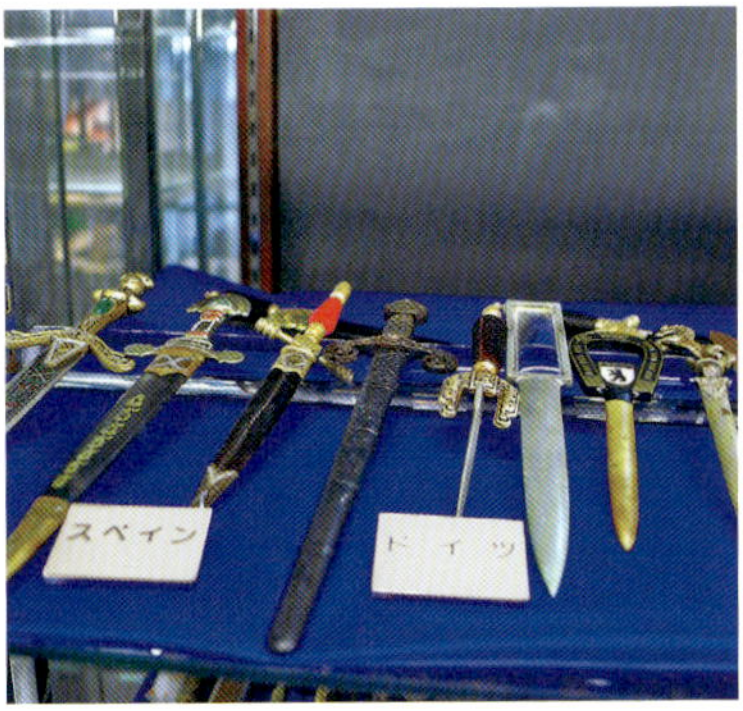

世界各国のペーパーナイフ。お国柄が出ている。17・8世紀頃のヨーロッパでは印刷された本は4ページ単位で切り離されずに製本されていた為、ペーパーナイフで切り開きながら読んでいた

DATA

日本文具資料館

東京都台東区柳橋1-1-15
東京文具販売健康保険組合会館1F
TEL 03-3861-4905
13:00～16:00
〈休〉土曜日、日曜日、祝日、年末年始
〈交〉JR総武線・都営浅草線浅草橋駅より徒歩5分
〈料〉無料 〈駐〉なし 〈予約〉不要

こちらは徳川家康や伊達政宗が使った鉛筆を復元している。歴史上の人物に思いを馳せながら展示を楽しもう

ブレーキの重要性を学ぶことで、交通安全への意識も強くなる

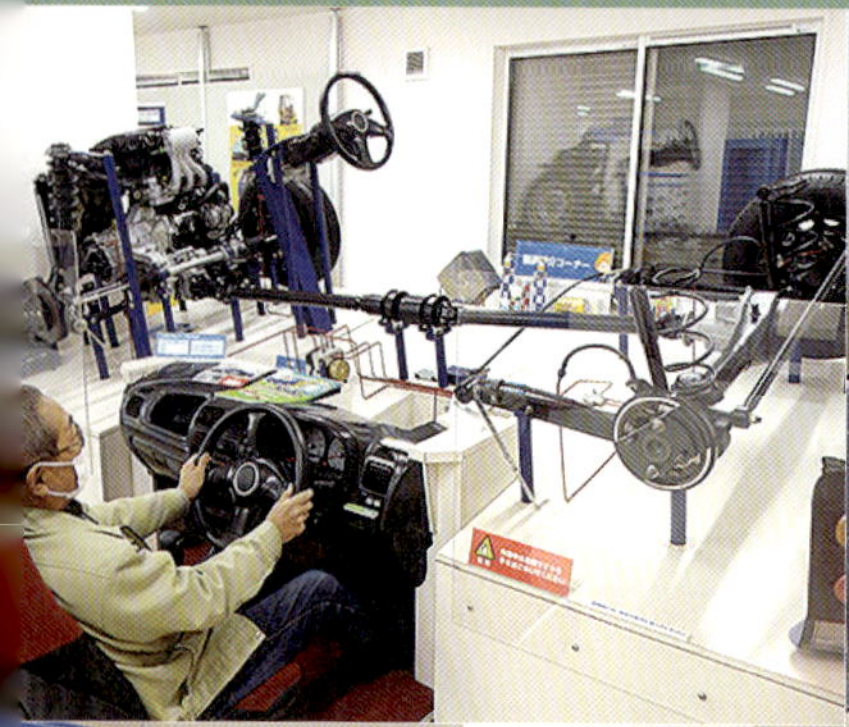

見どころ

飛行機、新幹線のブレーキって？
ドライビングシミュレーターで体験学習

左上／自動車ブレーキ体験　左下／様々なブレーキが並ぶ　右／ブレーキ作りの職人の技を学べる

ブレーキ博物館

触れて見て学ぶ、ブレーキに特化した博物館

ブレーキ部品の製造・販売をする会社が、車の重要保安部品であるブレーキを少しでも多くの人に知ってもらいたいという願いで開設。体験コーナーでは、自動車シートに座りブレーキを踏むとどうなるか、車の中の仕組みが目の前で見えるようになっており、その連動性が一目で分かる。飛行機や新幹線など、様々なブレーキの実物や仕組みのパネルも展示されており、子どもから大人まで楽しみながら、ブレーキの重要性を学ぶことができる。

ブレーキと関連部品専門のメーカー「中山ライニング工業株式会社」が運営

DATA

ブレーキ博物館

東京都墨田区堤通1-7-9
中山ライニング工業株式会社 墨田営業所2F
TEL 03-6657-0347
10:00～17:00（入場は30分前まで）
〈休〉月曜日（祝日の場合は翌平日）、年末年始
〈交〉東武スカイツリーライン東向島駅より徒歩15分
〈料〉無料　〈駐〉なし　〈予約〉必要

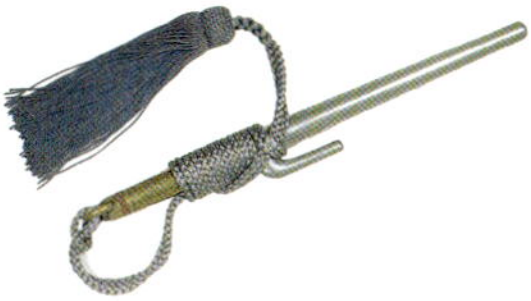

「人権」という概念が
無かった時代。
その爪痕を残す
見どころ
時代劇でお馴染みの「十手」
「ギロチン」「鉄の処女」はここだけ

左上／「十手」は、使う立場によって房の色が違う　左下／一般の人の見学も多い　右／「ギロチン」（左）と「鉄の処女」（右）

東京

明治大学博物館　刑事部門

国内外の刑罰具を展示

2004年にリニューアルしたこちらの博物館。法律学校をルーツとする明治大学は、刑事関係資料を多く収蔵する。日本史上著名な法令の数々、日本や諸外国の拷問・処刑具など人権抑圧の歴史を語り伝える資料を展示。

時代劇でお馴染みの「十手」は遺品が少ない貴重な資料だ。とりわけ「ギロチン」「鉄の処女」は、日本でここにしかない展示資料（復元品）。目を背けたくなる刑罰具の数々は、法と人権の大切さを教えてくれる。

『徳川幕府刑事図譜』のうち「捕縛の図（凶悪犯のはしご捕り）」

DATA

明治大学博物館　刑事部門

東京都千代田区神田駿河台 1-1
明治大学アカデミーコモン地階
月曜日～金曜日10:00～17:00
土曜日10:00 ～ 16:00
（入館は30分前まで）
〈休〉日曜日、祝日、大学が定める休日
〈交〉JR中央線・総武線御茶ノ水駅より
　徒歩5分
〈料〉常設展は無料　〈駐〉なし　〈予約〉不要

精緻な建築模型の
美しさに圧倒される

photo by Kenji SEO

東京

WHAT MUSEUM 建築倉庫

建築模型約６００点を保管、一部を公開

建築家や設計事務所から預かった６００点以上の建築模型を保管し、その一部を公開する「WHAT MUSEUM 建築倉庫」。こちらは、２０１６年より保管、展示を行ってきた「建築倉庫ミュージアム」を、２０２０年に開館した「WHAT MUSEUM」内で、「建築倉庫」と名称を改めて、継続して展示している。広々とした倉庫内にはずらりと建築模型が並ぶ。美しく精緻に作られた模型は、眺めていると時が経つのを忘れてしまうほど、人を惹きつける。建築やデザインに携わる人々はもちろん、ミニチュアのような建築模型に子どもも喜び、家族で楽しめる内容。建築倉庫内ではさまざまなテーマに沿った企画展示をはじめ、出展者による講演会やトークイベント、ワークショップなど、建築模型に関する知識を深めることができるイベントも目白押しだ。

見どころ

実際には建てられなかった建築模型も！

芸術作品としても注目を集める建築模型

建築模型がずらりと並ぶミュージアム内。建築模型は、設計者の思考プロセスを伝える重要な資料として重要度が高まっているが、形状やサイズにより国内では保管スペースの確保が難しく、十分に模型が保管されてこなかったという背景がある。これだけの建築模型が揃っているのはとても珍しい

建物が建つまでのプロセスを垣間見ることができる重要な資料としてはもちろん、テーブルやイス、庭の草木まで緻密に製作された模型は、完成度の高い芸術作品としても評価されている

受付の様子。建築倉庫は、今後ますます文化的価値が高まっていく建築模型の可能性を、建築家や来場者と共に考えていく場でもある

DATA

WHAT MUSEUM 建築倉庫

東京都品川区東品川2-6-10　寺田倉庫G号
11:00〜18:00（入館は1時間前まで）
〈休〉月曜日（祝日の場合は翌火曜日）、年末年始
〈交〉東京モノレール天王洲アイル駅徒歩5分、東京臨海高速鉄道りんかい線天王洲アイル駅徒歩4分、JR 品川駅徒歩15分
〈料〉一般700円、中高生500円、小学生以下無料 、WHAT MUSEUM 展覧会とのセットチケット：一般2,000円、大学生・専門学生1,300円、中高生500円、小学生以下無料
〈駐〉なし　〈予約〉必要

ミュージアム外観。「倉庫を解放、普段見られないアートを覗き見する」をコンセプトに、アートや建築との出合いの場を創出している

夢中になった青春時代
がよみがえる！

東京

マイコン博物館

懐かしいマイコン、パソコンに再会

１９７７年創刊のパソコン雑誌『月刊アスキー』の初代編集長を務めた吉崎武さんが、長年にわたり収集や寄贈を受けてきたマイコン、パソコンを展示するために２０１５年に開館。70年代のマイコン黎明期の時代から90年代頃までのマイコン、パソコンを年代別に並べるとともに、コンピューターの主要な機能である「計算」の技術の歴史を示す計算尺・手回し式計算機・電動計算機・初期の電卓も収蔵する。

一番の見どころは、スティーブ・ジョブズが世に送り出してきた数々の機種を見られること。ジョブズと交流のあった吉崎さんは「失敗しても挑戦し続けていく姿勢を若い人々にも知っていただきたい」と語る。今後は百年分の技術系の雑誌を集めた「夢の図書館」や、「模型とラジオの博物館」も同じ建物内に開館予定だ。

見どころ

スティーブ・ジョブズの挫折と栄光を知る

実際に動かすことができるものも！

タイプライターとプリンターの機能を併せ持ち、瞬時に情報が送れる「テレタイプ」をコンピューターの入出力装置として使ったテレタイプ端末「ASR-33」（1960年代）。若きビル・ゲイツもこの機種でプログラミングを学んだ。こちらの展示品は今も動かすことができ、印字も可能。外部記録装置はロール状の紙テープ（写真左下）であった

1976年、スティーブ・ジョブズと盟友スティーブ・ウォズニアックがAppleを創業し、最初に世に送り出したマイクロコンピュータ「Apple I（アップルワン）」。世界で200台ほど製造され、基盤のまま販売された。こちらは日本で唯一、今も動作可能なもの。テレビ番組に貸し出したこともあるという

オプションで「マイコン体験料金」（動態保存協力金）を支払えば、動かすこともできる。料金は大人3,000円、中高生1,000円、小学生は無料。インベーダーゲームやファミコンなどのゲームでも遊べる

DATA

マイコン博物館

東京都青梅市仲町295 青梅プラザ
TEL 050-6864-6811
12:00～18:00（入館は1時間前まで）
〈休〉水曜日
〈交〉JR青梅線青梅駅より徒歩約2分
〈料〉大人1,000円、中高生500円、
小学生無料（保護者同伴が必要）
〈駐〉あり（要予約）
〈予約〉必要（前日まで）

来館者は全国から訪れる。当日に限り再入館できるため、開館から閉館まで6時間滞在する人も。年配の人には懐かしく、若い人には学びの場になっている

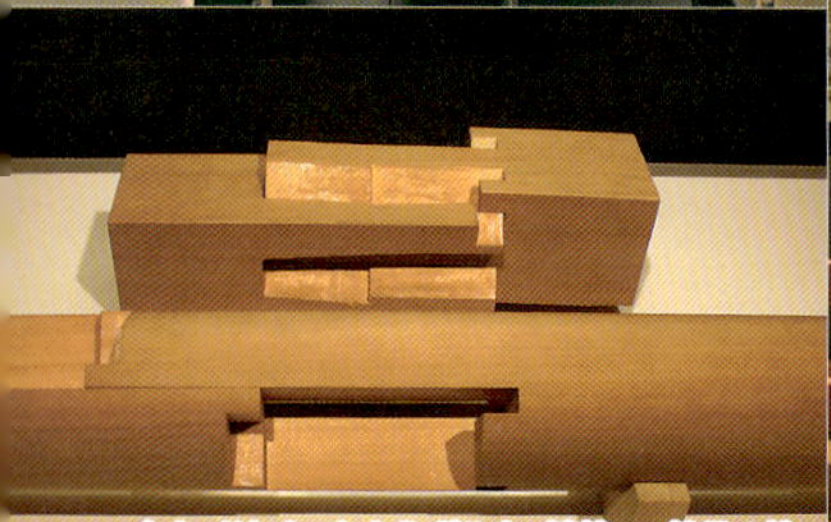

日本の建設技術とものづくりの文化の魅力に触れる展示がたくさん

見どころ

建設技術の進化の過程が一望できる
タッチパネル端末の情報量は圧巻

左上／リベットからボルト、溶接へ、鉄骨の接合方法の進化　左下／一本に見える柱にも高度な技術が　右／煉瓦・タイル施工技術の変遷を伝える室内

東京

建設技術歴史展示室

日本の技術力の高さを実感

日本のものづくり文化を広く伝えようと、清水建設が開いた「建設技術歴史展示室」。煉瓦、コンクリート、木造、鉄骨の4つのコーナーがあり、煉瓦の積み方の変化を実物で展示するなど、建設技術の仕組みやその歴史を見ることができる。また、タッチパネル端末の情報量は圧巻の一言。写真や映像などで、かなり深いところまで知ることができる。建設技術の裏側を知ると、普段見慣れた建物も違った目で見えることだろう。

展示室は、清水建設の技術研究所本館2階にある

DATA

建設技術歴史展示室

東京都江東区越中島 3-4-17
清水建設株式会社 技術研究所 内
10:00〜12:00　13:00〜16:00
月曜日、水曜日（清水建設定休日を除く）
〈休〉土曜日、日曜日、祝日、清水建設定休日
〈交〉JR京葉線越中島駅より徒歩10分
〈料〉無料　〈駐〉なし　〈予約〉必要

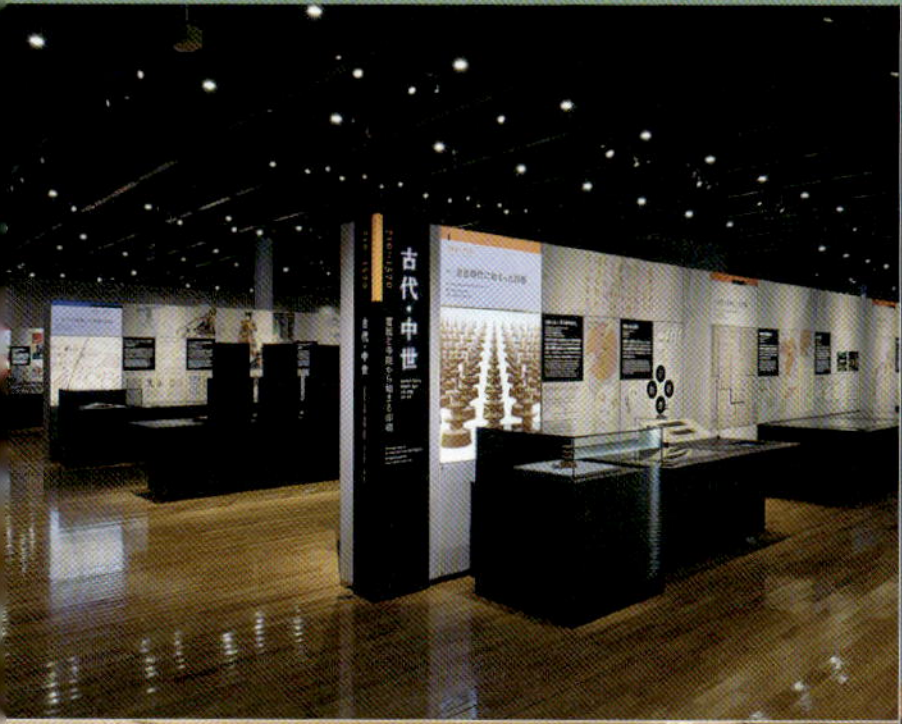

文字や図版など情報伝達を支える印刷文化の営みを学ぼう

見どころ

重要文化財も！
印刷文化の発展を時代順にたどろう

左上／常設展「印刷の日本史」 左下／ワークショップが開催される印刷工房 右／日本最初の銅活字「駿河版銅活字」

東京

印刷博物館

印刷文化を学ぶ

「TOPPANホールディングス株式会社」が運営する博物館。日本と世界の印刷の歴史をたどりながら、人類が生みだしてきた印刷文化の営みを見わたす。重要文化財に指定されている「駿河版銅活字」の他、木版、印刷機などを展示。またこれらによって刷られた様々な書物や図画を見ることができる。年に一度、企画展も開催（企画展開催時は別料金）。出版物の普及と文化の発展は、印刷なくしては語れないことを改めて認識できる博物館だ。

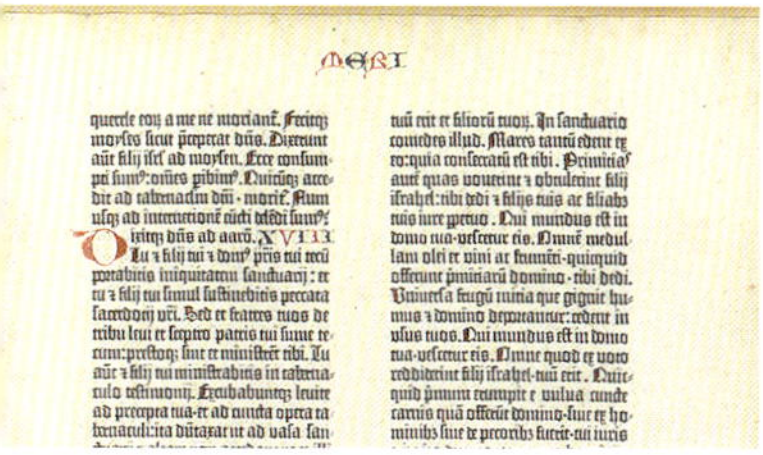

グーテンベルク 42行聖書原葉

DATA

印刷博物館

東京都文京区水道1-3-3
TEL 03-5840-2300
10:00～18:00（入館は30分前まで）
〈休〉月曜日（祝日の場合は翌日）、年末年始、展示替え期間
〈交〉東京メトロ有楽町線江戸川橋駅より徒歩8分
〈料〉大人500円、学生200円、高校生100円 中学生以下無料（2025年1月中旬より料金改定予定）
〈駐〉あり（有料） 〈予約〉不要

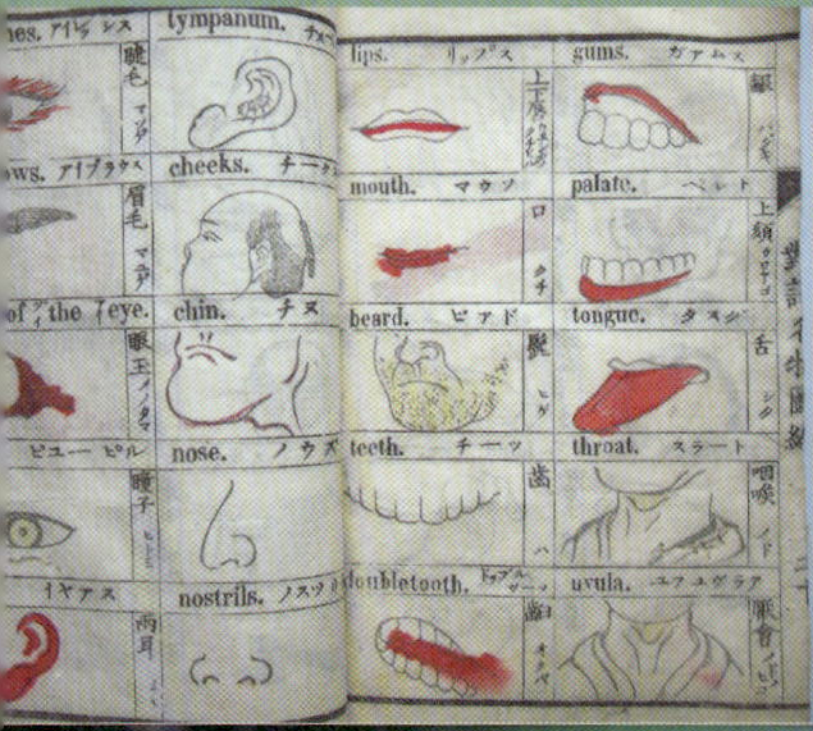

左上／明治５年の絵入り英語の辞書　左下／明治初期の学制発布にあたり、子どもの就学を促すために着用させたメダル　右／2階は江戸時代の寺子屋を再現

江戸時代から続く、日本の子どもの教育と遊びを知る

見どころ

百年前の木造校舎にタイムスリップ

日本人の知恵と器用さに驚き

東京

唐澤博物館

学びと遊びの原点を体感できる

日本教育史研究家・唐澤富太郎が日本全国から収集した教育史資料を展示。子ども達が何を学び、どのように育てられてきたのか、その歴史を江戸時代まで遡り、実物史料７０００点を通して体感できる。建造物の一部に明治期の小学校で使われた階段の手すりや、講堂のシャンデリアが設置されており、当時の校舎にタイムスリップした気持ちに。往来物と呼ばれた江戸時代の教科書、清書帖などバラエティ豊かな展示を楽しもう。

住宅街に佇む3階建ての洋館が、唐澤博物館。1993年に開館した

DATA

唐澤博物館

東京都練馬区豊玉北3-5-5
TEL 03-3991-3065
完全予約制（時間・定休日の設定はなし）
〈交〉都営大江戸線新江古田駅より徒歩13分
西武池袋線桜台駅より徒歩13分
〈料〉大人700円、中高生300円、
小学生200円
〈駐〉なし　〈予約〉必要

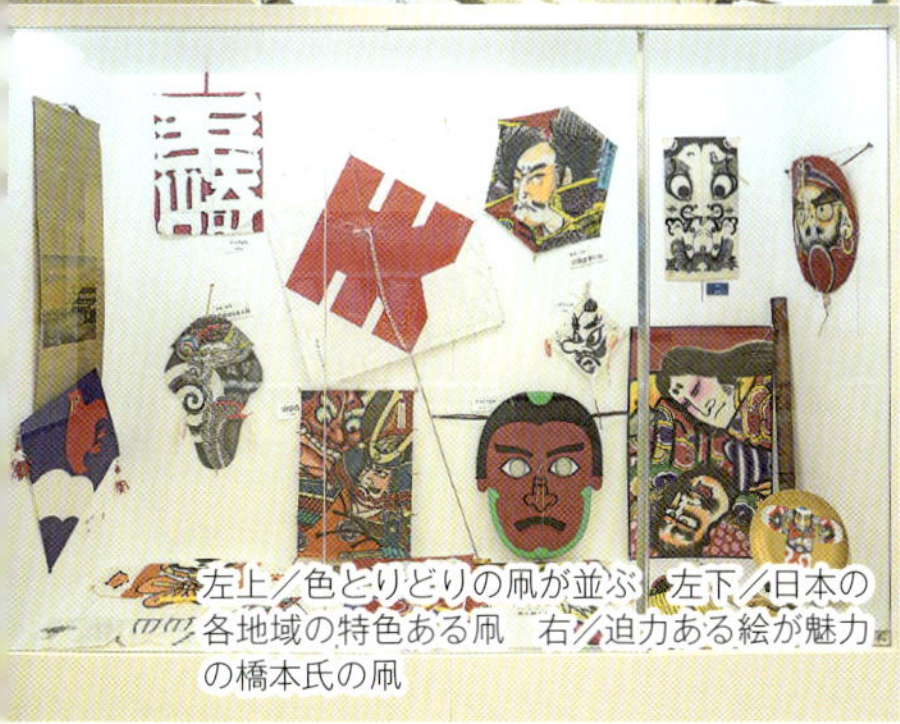

訪れる人々を魅了する凧の深い歴史と文化に触れてみよう

見どころ

昭和の江戸凧の名人、橋本禎造《ていぞう》の世界

圧巻！100点近くの凧が並ぶ

左上／色とりどりの凧が並ぶ　左下／日本の各地域の特色ある凧　右／迫力ある絵が魅力の橋本氏の凧

東京

凧の博物館

日本全国、世界各国の凧が揚がる

日本橋の老舗洋食店「たいめいけん」の5階にあった「凧の博物館」が再開発のためこちらへ移店。「伝統文化である凧の歴史を伝え残したい」という想いを持つ「たいめいけん」の主人が二代にわたり受け継いでいる博物館だ。館内に所狭しと展示している凧は日本に限らず、世界中から集められたものまであり、その数に圧倒される。一枚の凧から、その土地の歴史や風土、文化が伝わってくる。奥深い凧の世界に触れることができる。

創業者茂出木心護さんの銅像

DATA

凧の博物館

東京都中央区日本橋室町1-8-3
室町 NSビル2F
TEL 03-3275-2704
11:00~17:00
〈休〉日曜日、祝日
〈交〉東京メトロ半蔵門線
　　三越前駅より徒歩2分
〈料〉220円　〈駐〉なし　〈予約〉不要

南極・北極について
その最先端の情報を
知りたい時は訪れよう

東京

国立極地研究所 南極・北極科学館

実物の展示で極域研究の成果を伝える

こちらは、国立極地研究所の広報展示施設として２０１０年に開館。南極・北極の研究成果や観測活動などを、映像や標本、実際に使用された物の展示により、分かりやすく伝えている。例えば、３０００ｍ以上の厚さの氷を採取した氷床掘削ドリル、隕石、オーロラ映像、南極の昭和基地からのライブ映像などがある。

また、実物に触れることができるコーナーも。例えば「南極の氷」。南極氷床は、大陸に降った雪がとけずに長い時間をかけて何層にも降り積もり押し固められたもので数万年前の空気を含んでおり、地球環境の変化をタイムカプセルのように記録している。この氷からわかる情報は、地球環境の変動メカニズムを理解し、将来の見通しを得るために重要な役割を持っている。楽しみながら〝極域研究の今〟を知ろう。

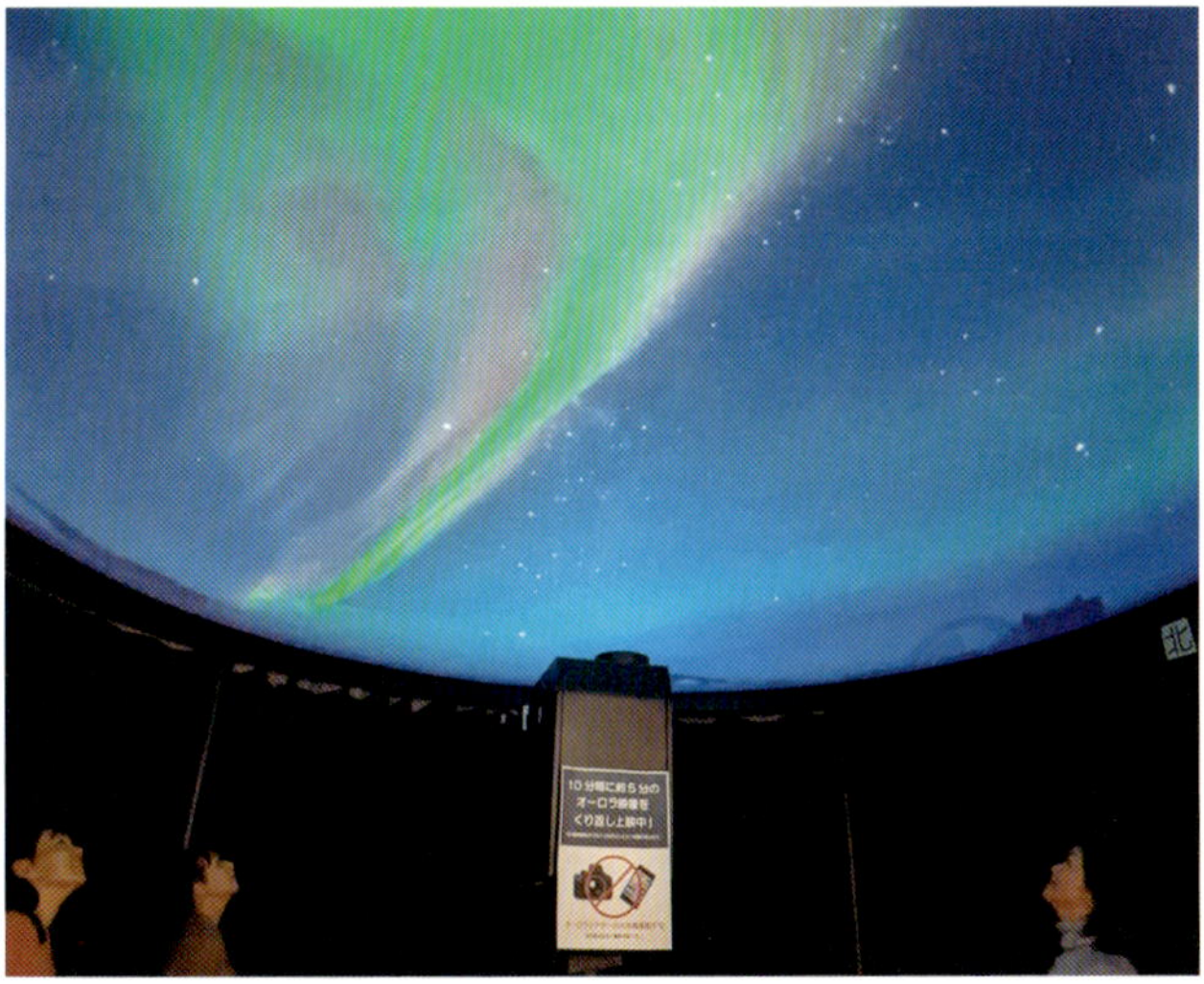

見どころ

臨場感たっぷりのオーロラシアター

南極で採取された隕石も

直径4mの全天ドームスクリーン「オーロラシアター」では、南極や北極で研究者が観測したオーロラの映像を観ることができる。臨場感たっぷりの、絶えず変化していくオーロラを見れば、自然の不思議さが実感できるはずだ

実際に南極点往復旅行に使用されたKD604 大型雪上車。鉄製のキャタピラがいかめしい。他にも観測隊が使用した防寒着、犬ぞりなども展示。南極観測の歴史の一部を知ることができる

顕微鏡で隕石を観察できるコーナー。日本の南極地域観測隊によって採集された実物の隕石や岩石に触れることができる

DATA

国立極地研究所
南極・北極科学館

東京都立川市緑町10-3
TEL 042-512-0910
10:00~17:00（入館は30分前まで）
〈休〉日曜日、月曜日、祝日、第3火曜日
〈交〉多摩モノレール高松駅より徒歩10分
〈料〉無料　〈駐〉なし
〈予約〉20名以上の場合は必要

人間と共に南極に渡った樺太犬のブロンズ像。元々東京タワーの入り口に設置されていたもの

画像提供：国立極地研究所

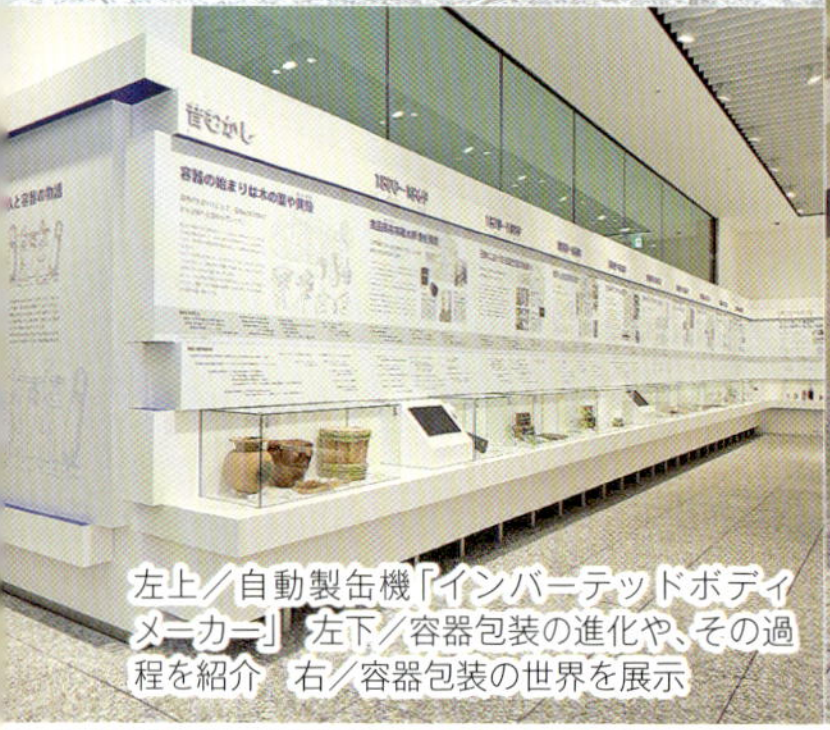

左上／自動製缶機「インバーテッドボディメーカー」　左下／容器包装の進化や、その過程を紹介　右／容器包装の世界を展示

生活や環境と深い繋がりがある容器包装の世界

見どころ

暮らしを支える容器包装の歴史に注目

約100年前の自動製缶機も

東京

容器文化ミュージアム

容器包装の隠れた秘密を「ひらく」

暮らしを便利で豊かにするために考えられ、利用されてきた容器包装の文化を発信している。「循環する容器包装」コーナーでは容器が製造・使用・分別回収されたあと生まれ変わる過程を紹介。「人と容器の物語」では年表や実物の容器を展示して容器の歴史を概観できる。缶製造の発展に大きく貢献した自動製缶機も展示。文明の誕生と容器の関わりから、最新の容器包装までの歴史・技術・工夫を知ることができる。

目からウロコ！包装の技術や工夫を学べる

DATA

容器文化ミュージアム

東京都品川区東五反田2-18-1
大崎フォレストビルディング 1F
TEL 03-4531-4446
9:00〜17:00
〈休〉土曜日、日曜日、祝日
〈交〉JR山手線・JR湘南新宿ライン・JR埼京線・東京臨海高速鉄道りんかい線大崎駅より徒歩6分
〈料〉無料　〈駐〉なし　〈予約〉団体見学は必要

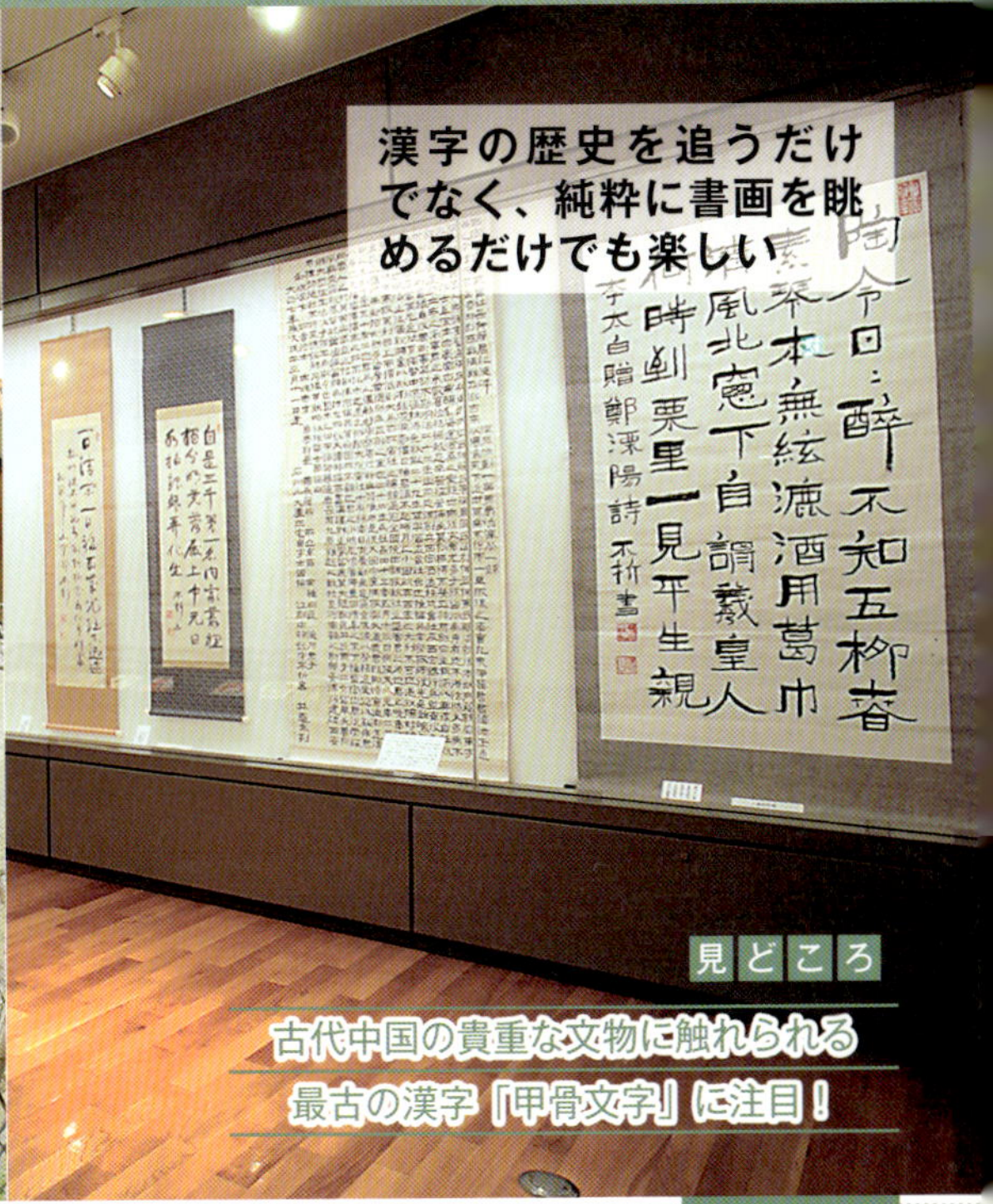
漢字の歴史を追うだけでなく、純粋に書画を眺めるだけでも楽しい
見どころ
古代中国の貴重な文物に触れられる
最古の漢字「甲骨文字」に注目！

左上／中村不折のコレクションを展示　左下／独力で貴重な資料を収集した中村不折像
右／中村不折の書を展示

東京

台東区立書道博物館

甲骨文字の実物が見られる

「書道博物館」を一言で言うなら、漢字の歴史博物館だ。3500年以上も昔に使われていたとされる漢字の祖先「甲骨文字」が、現代の漢字「楷書」となる歴史を、実物を見ながら追うことができる。同時に、動物の骨・青銅器・石と、紙が登場するまでの歴史も分かる。展示物には、漢字の故郷・中国でも貴重な文物もあるという。これら一万点以上の収蔵品を、洋画家であり書道家の中村不《ふ》折《せつ》がたった一人で集めたというのだから驚きだ。

瀟洒（しょうしゃ）な外観の書道博物館。
中庭もある

DATA

台東区立書道博物館

東京都台東区根岸2-10-4
TEL 03-3872-2645
9:30～16:30（入館は30分前まで）
〈休〉月曜日（祝日の場合は翌日）、年末年始、展示替期間等
〈交〉JR 山手線・京浜東北線鶯谷駅より徒歩5分
〈料〉一般・大学生500円、小・中・高校生250円
〈駐〉なし 〈予約〉不要

カメラ、携帯電話、
カセットテープ…
メディア機器の栄枯盛衰

東京

絶滅メディア博物館

表舞台から去った貴重な機器の数々

長年、動画制作の仕事に携わってきた川井拓也さんが２０２３年に開館。「紙と石以外のメディアはすべて絶滅する」という考え方のもと、進化の過程で滅んだ、もしくは滅びつつあるメディアとメディア機器を１５００点展示している。

入口を入って圧倒されるのは、壁一面の棚に並んだ写真カメラや動画カメラ。奥にはタイプライター、パソコン、カセットテープやフロッピーディスクなどの記録メディア、音楽プレーヤー、携帯電話なども展示されている。これらは川井さんが使用したり収集したりしてきた物のほか、「断捨離」や「終活」を進めた人の押し入れの奥で眠っていた古いカメラの寄贈品も。全ての展示物を自由に手に取ることができ、絶滅メディアに関連する書籍やカタログなどの資料も８００点閲覧可能だ。

見どころ

懐かしい思い出が甦る展示物の数々

全ての展示物に触れられる！

一番の人気コーナーは携帯電話。「写真カメラやビデオカメラは使わない人もいますが、携帯電話は一人一台、必ずと言ってよいほど持っていますよね。こちらのコーナーでは思い出が甦るようで、皆さん話に花が咲いています」と川井さん。二番人気はカセットテープやMDなど音楽関連のメディア

展示物は手に取って観察し、素材の質感や重さを実感することができる。こちらは1932年に登場したコダックの8ミリカメラ「シネコダック8」のカバーを開けたところ。一般向けの動画カメラの元祖といわれており、ゼンマイを回して動かす。今も撮影可能

収蔵品の中で最古の動画カメラ。フランスのパテ社が1922年に一般家庭向けに販売した「パテ・ベビー」で、フィルム幅9.5㎜の家庭用撮影機。ハンドルを手回しして撮影する

DATA

絶滅メディア博物館

東京都千代田区内神田2-3-6 楓ビル1階
TEL 03-5256-5700
11:00～19:00（入館は30分前まで）
〈休〉土曜日、日曜日、祝日
〈交〉JR神田駅より徒歩5分
〈料〉一般2,000円、寄贈者1,000円、
15歳以下無料
〈駐〉なし
〈予約〉不要

ソニー、ビクター、キヤノン、パナソニック、シャープなどのビデオカメラ。子どもの運動会用に買った人もいるだろう。メディア機器を手に取れば、思い出も甦ってくる

鉄道の開業当時の
文明開化の空気を
今に伝える

撮影：上野則宏

東京

旧新橋停車場 鉄道歴史展示室

日本初の鉄道ターミナル駅を再現

１８７２年に新橋―横浜間で日本初の鉄道が開業した。徒歩で10時間近くかかっていた距離が、わずか1時間で移動できるようになり、鉄道はまさに文明開化を象徴するものであった。現在、ＳＬ広場で有名な新橋駅のほど近くに「旧新橋停車場　鉄道歴史展示室」はある。建設前に発掘調査が行われて駅舎の遺構が出土し、駅舎の外観が当時と同じ位置、大きさで忠実に再現された。その石材のデザインや外観の色合いは、古写真だけでなく錦絵まで参考にしたという。

館内には、１９１４年に東京停車場ができるまで、東京の玄関駅であった新橋停車場の歴史を伝える資料や、三代目歌川広重が同停車場を描いた錦絵を大型陶板に複製したものも飾られている。新橋停車場の歴史や当時の空気を感じることができる展示室だ。

見どころ

開業当時のプラットホームの一部を再現

駅舎の基礎石の遺構にも注目

鉄道開業当時の駅舎やプラットホームの遺構は、歴史を伝える重要な史跡として国からも指定されている。長さ25mにわたり再現されたプラットホームは、その幅や石積みの方法も当時のまま。できる限り忠実に再現されているため、鉄道ファン・歴史ファンどちらでも楽しめる

内部の様子。新橋停車場の歴史を伝えるパネルや出土品が並んでいる。明治・大正の雰囲気を味わえる展示室だ。他にも、鉄道や汐留の歴史を紹介した映像も楽しめる

1階展示室の床の一部はガラス張りで、駅舎の下に積まれていた基礎石も見られるようになっている。当時の雰囲気を直に感じることができる

DATA

旧新橋停車場
鉄道歴史展示室

東京都港区東新橋1-5-3
TEL 03-3572-1872
10:00~17:00(入館は15分前まで)
〈休〉月曜日(月曜日が祝日の場合は翌日)、年末年始、展示替え期間中
〈交〉JR新橋駅より徒歩5分
〈料〉無料 〈駐〉なし 〈予約〉不要

当時と同じ位置に再現された0(マイル)標識。ここが線路の始まりだ。鉄道の歴史に思いを馳せてみよう

旅の記憶がよみがえる！
昔懐かしい、鉄道関連の
展示を楽しもう

東京

時刻表ミュージアム

来館者一人一人が楽しむ「時間旅行」

２０２１年、「時間旅行」をコンセプトに開館した「時刻表ミュージアム」。館内は創刊号から揃うＪＴＢ時刻表や鉄道模型、旧国鉄客車の再現など、目を引く展示品が目白押し。交通系ＩＣが無かった時代の「硬券」や、国鉄時代に実際に使われていた「きさらづ駅」の看板、電車の行き先を告げる方向幕など、その懐かしさに思わずニヤリとしてしまう。きっと自身の旅の思い出に繋がるものと出合えるだろう。

　中学生の頃から現在までＪＴＢ時刻表を集め続けているという館長の鈴木哲也さん。雑誌の取材がきっかけで、一箇所に時刻表を集めたミュージアムを作りたいと夢を持ち、実現した。インターホンを押した瞬間から始まる、こだわりと愛情が詰まったテーマパークのようなミュージアムへぜひ。

見どころ

創刊号から最新号まで揃った時刻表

好奇心くすぐられる、鉄道に関する展示品

所狭しと並ぶJTB時刻表。1925年の創刊号（復刻版）から最新号まで881冊。1961年1月号から全て揃っており、ファンにとっては夢のような場所だ。館内にある全てのJTB時刻表を誰もが気軽に手に取ることができる。JR（旧国鉄）や私鉄だけでなく、飛行機、フェリーなどの時刻表も見ることができる

ジオラマ内を走行するNゲージ（縮尺1/150サイズ）の鉄道模型。模型の付近を歩いていると、微かに「ガタンゴトン」という音が聞こえてくるのが何とも味わい深い。鉄道模型の他、飛行機やフェリーの模型も展示してあるので、隅々まで見逃せない

国鉄旧型客車の座席を再現。座席奥のランプは寝台列車「北斗星」の食堂車で実際に使用されていたもの。車窓からのんびりと景色を眺めていた、古き良き時代を思い出せるコーナーだ

DATA

時刻表ミュージアム

東京都中野区中野5丁目23-11
チェロ・デ・トーレ
10:00~16:00
〈休〉平日（土曜日、日曜日、祝日のみ開館）
〈交〉JR中央・総武線・東京メトロ東西線中野駅より徒歩約9分
〈料〉1枠（90分）3,000円（当日現金払いのみ）2名の場合も同一料金、0～2歳無料、小学生以下は保護者同伴
〈駐〉なし 〈予約〉必要

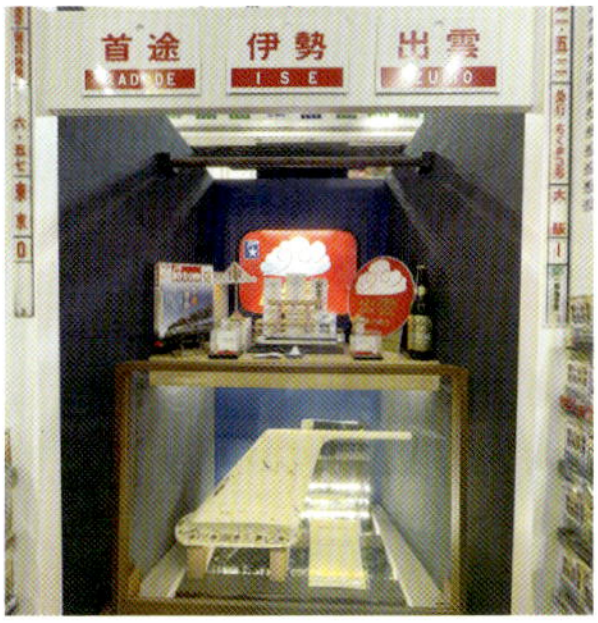

上部は、今後の人生と旅の安全を願ってミュージアム内に創建された「時刻表神社」。下は40～50年ほど前の「0系新幹線」上部にあったアンテナの実物

左上／ブリヂストンビルの送水口と採水口
左下／村上善一館長　右／様々な送水口がずらりと並ぶ

送水口、そのディープな世界を楽しもう

見どころ

様々な形、素材、大きさの送水口が揃う
旧ブリヂストン本社ビルの美しい送水口

東京

送水口博物館

私たちの命を守る送水口

火事の際に消火用水を地上から離れた階の放水口へ送水するための設備が「送水口」。古い建物が老朽化や耐震強度不足を理由に次々と解体処分されていく中で、全国に点在する歴史的にも価値が特に高い送水口を自ら〝救出〟し、展示している。

開館のきっかけはコアなファンからの「送水口の変遷を近代消防の歴史として記録保存してほしい」という声から。老舗の消火栓メーカーの社長である館長とファンの愛に溢れる空間である。

送水口にホースを取り付ける体験もできる

DATA

送水口博物館

東京都港区新橋2-11-1
株式会社村上製作所塔屋
TEL 03-3591-2188
14:00〜19:00
〈休〉日曜日〜水曜日、金曜日
（木曜日、隔週土曜のみ開館）
〈交〉都営三田線内幸町駅より徒歩2分
〈料〉無料　〈駐〉なし　〈予約〉不要

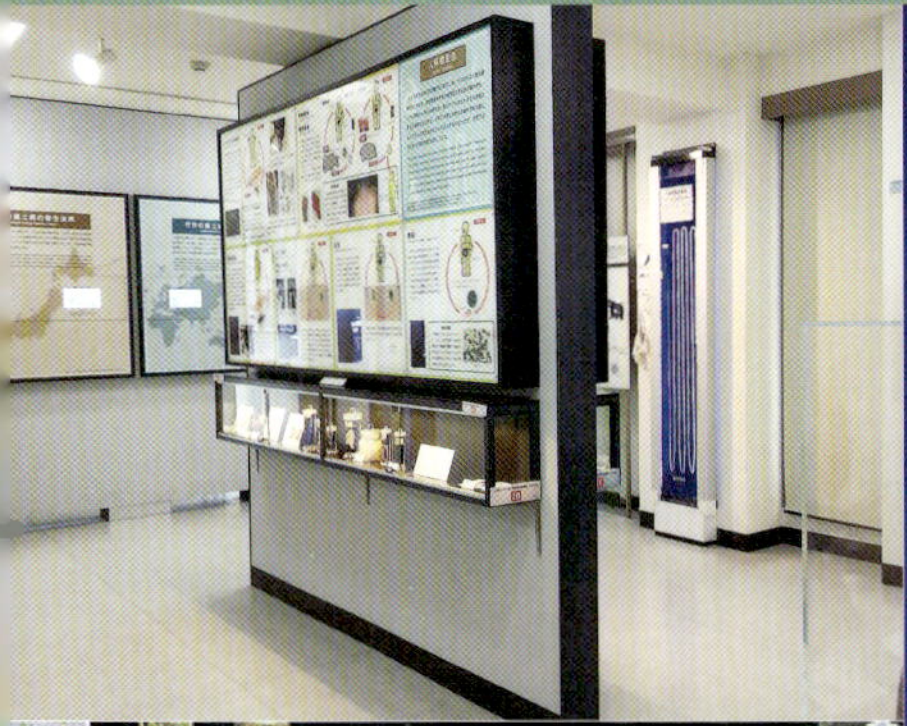

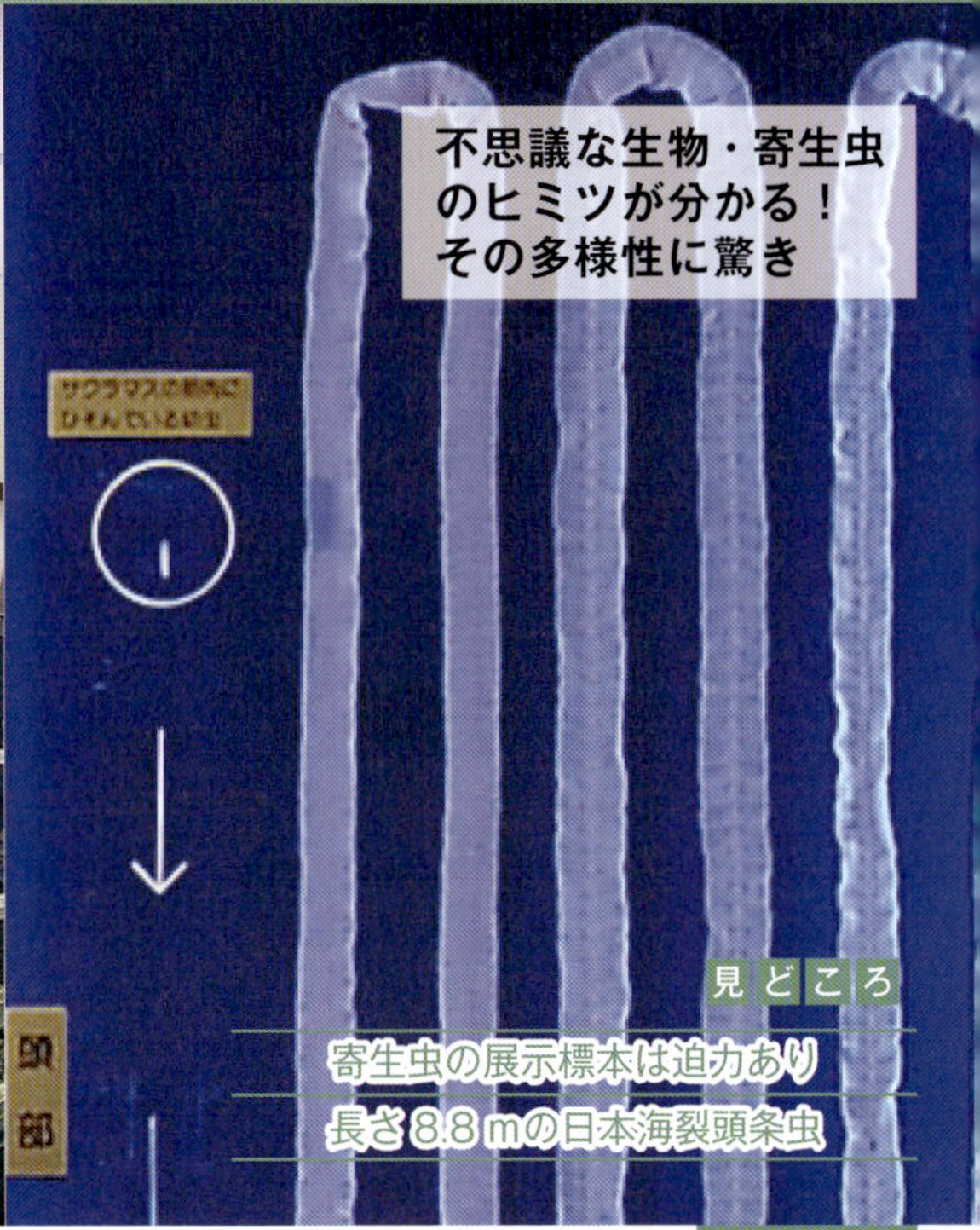

不思議な生物・寄生虫のヒミツが分かる！その多様性に驚き

見どころ

寄生虫の展示標本は迫力あり
長さ8.8mの日本海裂頭条虫

左上／人体に関わる寄生虫を展示・解説　左下／寄生虫の多様性を実感　右／日本海裂頭条虫は患者さんから駆虫されたもの

東京

目黒寄生虫館

寄生虫を展示する研究博物館

寄生虫と聞くと、「人体に悪さをする」とか、「気味が悪い」といった、負のイメージを持つ方もいるだろう。しかし、一つのイメージに収まらないほどその種類も多様で、固定概念さえ捨てれば、非常に興味深い生物だということが分かる。「目黒寄生虫館」では、約300点の標本・資料を展示。寄生虫に関する知識が得られる。来館後は寄生虫へのイメージも変わるはず。ぜひ展示を通してその生態の面白さを知ってほしい。

公益財団法人目黒寄生虫館が運営

DATA

目黒寄生虫館

東京都目黒区下目黒4-1-1
TEL 03-3716-1264（音声案内）
10:00～17:00
〈休〉月曜日、火曜日（祝日の場合は翌平日）、年末年始
〈交〉JR山手線目黒駅より徒歩 12分
〈料〉無料（募金箱あり）〈駐〉なし
〈予約〉不要（団体・グループの場合は必要）

左上／古農具の「足踏み脱穀機（あしぶみだっこくき）」 左下／外観 右／大学卒業生が働く蔵元が作る、様々な日本酒

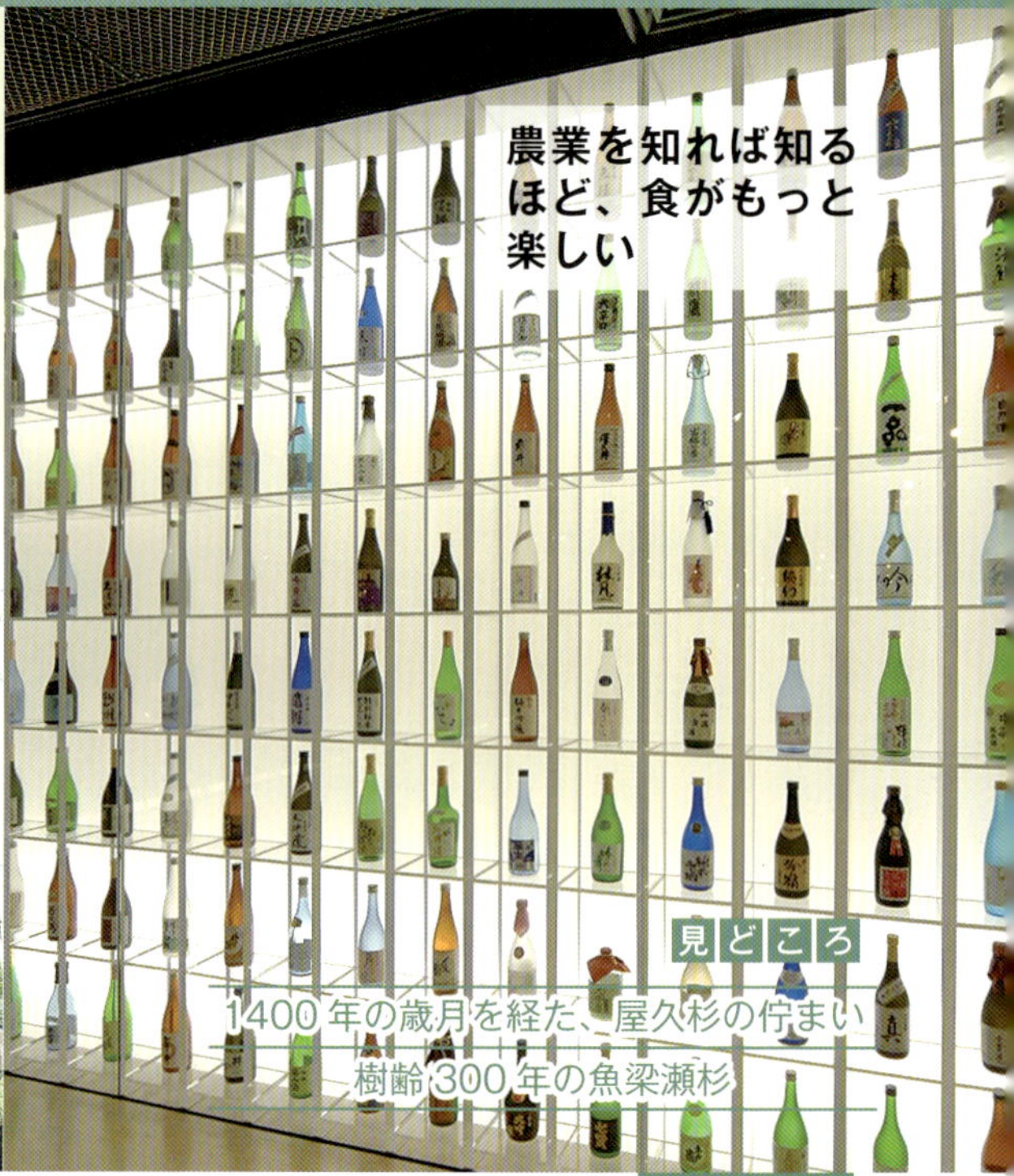

農業を知れば知るほど、食がもっと楽しい

見どころ

1400 年の歳月を経た、屋久杉の佇まい

樹齢 300 年の魚梁瀬杉

東京

東京農業大学「食と農」の博物館

東京農大のすべてを発信

東京農業大学の創立一一〇周年を記念して開館した「食と農」の博物館。こちらでは、同大学の学部や学科の協力の下、日本の農業や食を知るための展示やイベントが開催されている。大学が所蔵する古農具や酒器、鶏のはく製などの資料の展示や、卒業生や連携する自治体が生産した特産品を展示販売する物産展、大人も子どもも楽しめる体験講座等、イベントも盛りだくさん。屋久杉や魚梁瀬《やなせ》杉の材鑑標本の存在感にも注目だ。

特別天然記念物でもある屋久杉の材鑑標本

DATA

東京農業大学「食と農」の博物館

東京都世田谷区上用賀 2-4-28
TEL 03-5477-4033
9:30～16:30
〈休〉日曜日、月曜日、祝日、大学が定めた日
〈交〉小田急線経堂駅・千歳船橋駅より徒歩20分
〈料〉無料 〈駐〉なし 〈予約〉不要

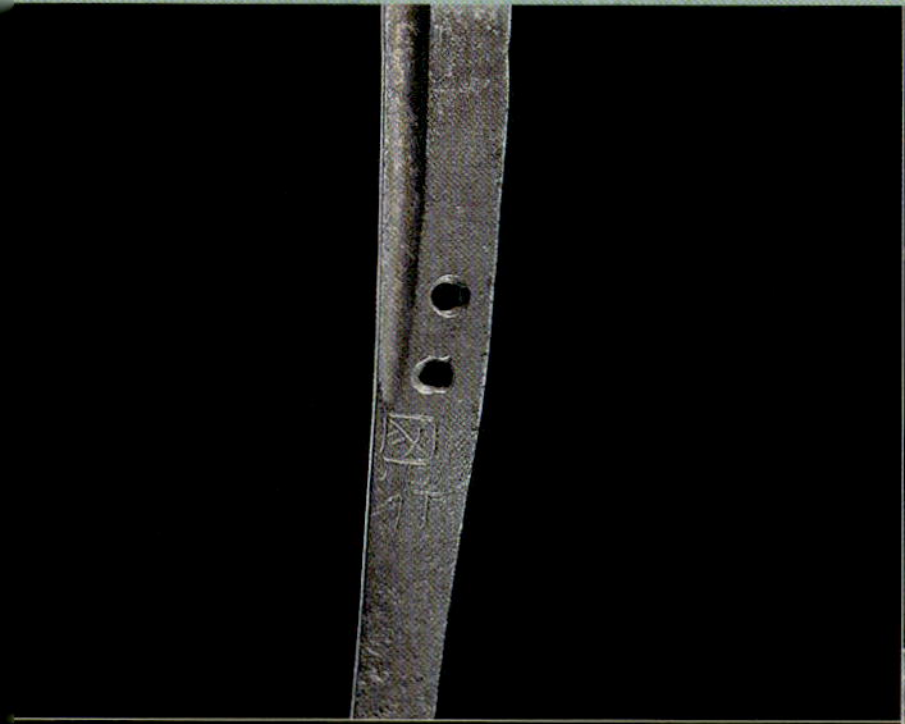

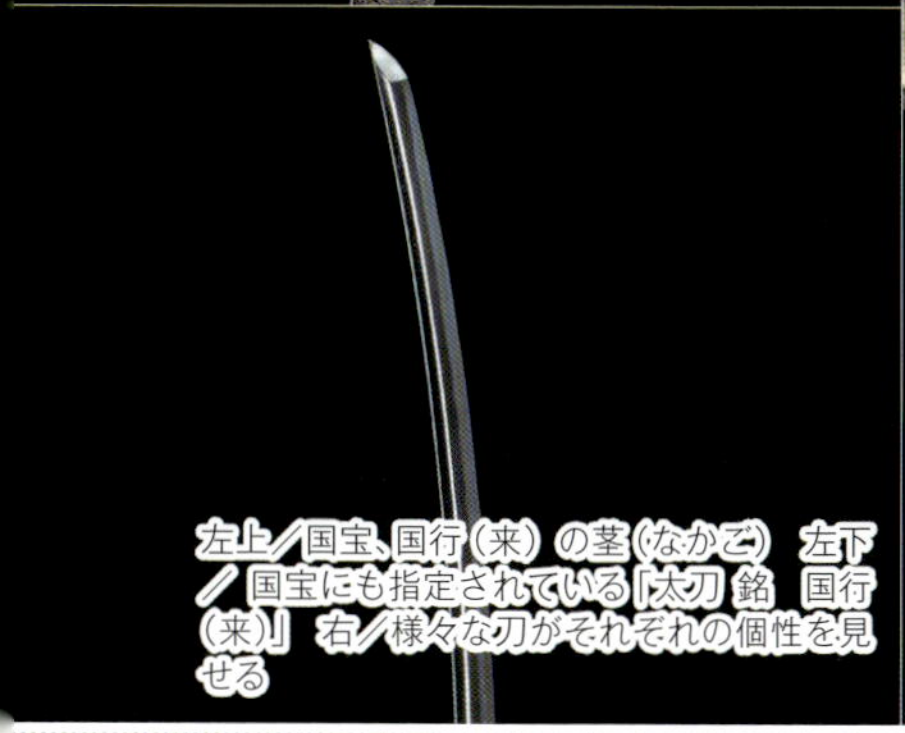

左上／国宝、国行（来）の茎（なかご）　左下／国宝にも指定されている「太刀 銘　国行（来）」　右／様々な刀がそれぞれの個性を見せる

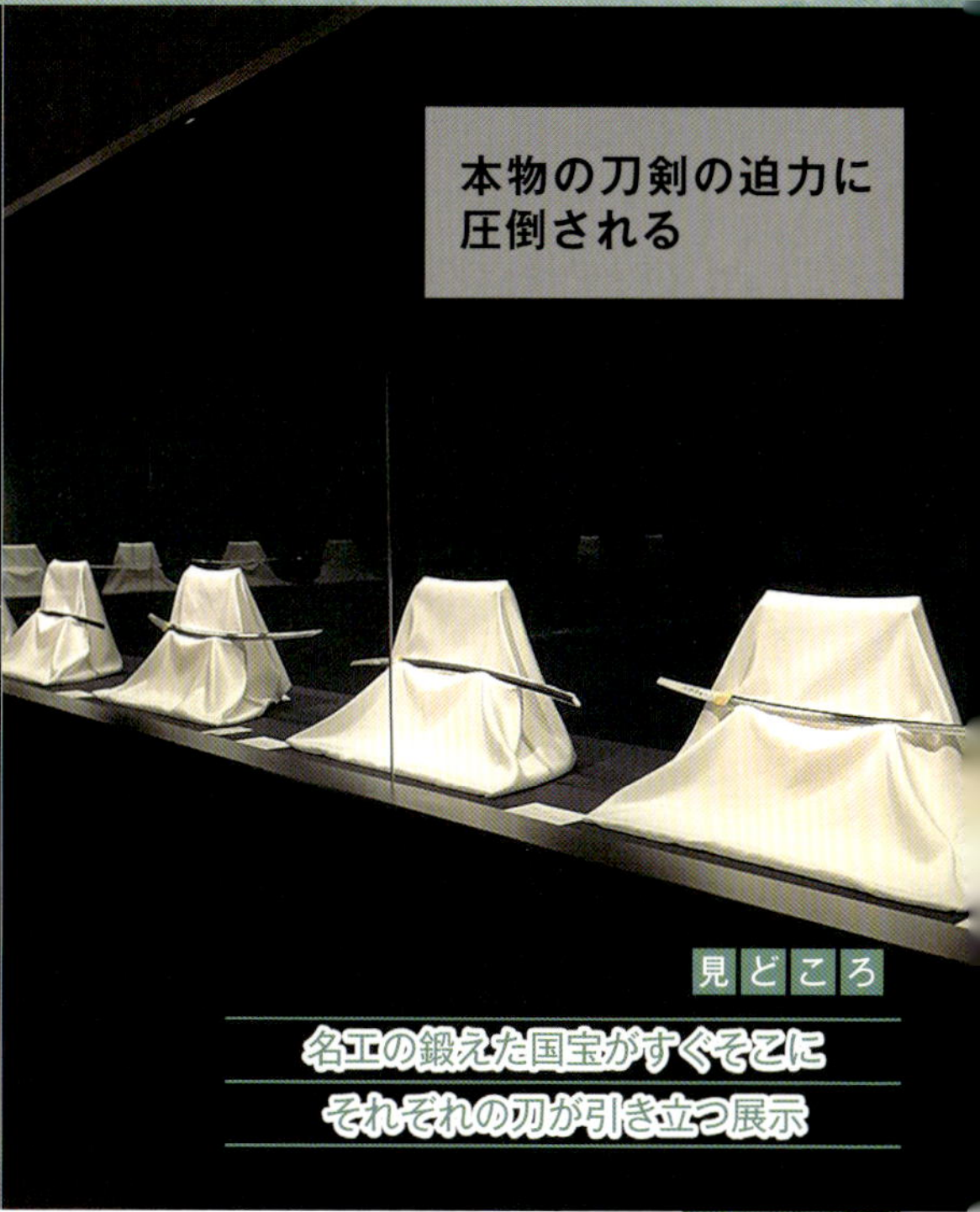

本物の刀剣の迫力に圧倒される

見どころ

名工の鍛えた国宝がすぐそこに
それぞれの刀が引き立つ展示

東京

刀剣博物館

日本が生んだ芸術品、日本刀

小説や映画にもたびたび登場する日本刀。「刀剣博物館」では、約40振りの日本刀を展示している。企画展によっては名工が多く輩出された鎌倉時代のものや、国宝に指定されている刀などを見ることもできる。また、高度な技術で緻密な装飾を施した鞘や鐔《つば》、笄《こうがい》といった小道具も必見だ。それぞれの刀が引き立つよう、照明や角度にも工夫が施されている。数多くの名刀を一度に見られる貴重な博物館、日本人の持つ美意識や芸術性に触れてみては。

旧両国公会堂の佇まいを継承した外観（撮影 北嶋俊治）

DATA

刀剣博物館

東京都墨田区横網1-12-9
TEL 03-6284-1000
9:30～17:00（入館は30分前まで）
〈休〉月曜日（祝日の場合翌日）、年末年始、その他展示替期間
〈交〉JR総武線両国駅より徒歩7分、大江戸線両国駅より徒歩5分
〈料〉一般1,000円、会員700円、学生500円、中学生以下無料
〈駐〉あり　〈予約〉30名以上は必要

マンガの巨匠が集い、
日々を過ごした伝説の
アパート

©トキワ荘マンガミュージアム

東京

豊島区立 トキワ荘マンガミュージアム

マンガの巨匠の青春の日々を覗こう

手塚治虫をはじめとするマンガの巨匠たちが集い、青春の日々を過ごした伝説のアパート「トキワ荘」。1982年に解体された後、当時の想いやエネルギーを伝え、マンガ、アニメを核とする地域文化の継承と発展を目指すため、マンガミュージアムとして開館した。二階建ての建物は、サビや汚れを再現するためエイジング処理を施すなど、こだわりが詰まっている。一階の「マンガラウンジ」では、トキワ荘ゆかりの書籍などを展示し、「企画展示室」ではマンガ・アニメに関連した展示やイベントを行っている。二階ではマンガ家たちが暮らした、昭和20〜30年代の四畳半の部屋を再現。彼らが当時どのような生活環境の中で、数々の作品を生み出したのか知ることができ巨匠たちが残した作品を新たな視点で楽しめるだろう。

見どころ

昭和20～30年代の懐かしい道具も多数

サビや汚れも再現した外装にも注目

共同炊事場では、かつお節削り器や洗濯板など、今では見かけることが少なくなった昔の道具などを数多く展示。ほとんどは、昭和20～30年代に実際に使われていたもの（注：トキワ荘のものではない）。トキワ荘には風呂がなかったため、共同炊事場の流しで水浴びをしたマンガ家もいたという逸話も

2階の再現部屋は、まるでタイムスリップしたかのよう。18号室（石ノ森章太郎のアシスタントの部屋）には石ノ森が収集したものを再現した、文庫本やフィルム缶が積んである。他にも、マンガの道具やマンガ家の暮らしを紹介する部屋も

入場口でもある玄関から2階に上がるために使う階段。証言を元に、登るとギシギシ軋む音まで再現している。その隅々まで徹底した造りに驚きの声も

DATA

豊島区立
トキワ荘マンガミュージアム

東京都豊島区南長崎3-9-22
TEL 03-6912-7706
9:00～18:00（入館は30分前まで）
〈休〉月曜日（祝日の場合は翌平日）、
年末年始、展示入替期間
〈交〉西武池袋線椎名町駅より徒歩15分、東長崎駅より
徒歩10分、都営大江戸線落合南長崎駅より徒歩5分
〈料〉特別企画展開催中は全館有料
〈駐〉あり※障がい者・団体客専用
〈予約〉必要（事前予約優先制）

1952年に東京都豊島区椎名町（現・南長崎）に建てられた「トキワ荘」を再現したミュージアム。「末永く残してほしい」と、多くの人々に愛されている

最先端の研究に
使用された資料が
あちらこちらに
提供：東京大学総合研究博物館
撮影：フォワードストローク

東京

東京大学総合研究博物館

東京大学の研究の裏側を覗いてみよう

　１８７７年創設の東京大学が続けてきた各分野の研究成果を、豊富な学術標本＝モノ資料の展示により公開する大学博物館。幅広い分野の研究者らが集う博物館であり、研究と密接に連携している。入館してまず圧倒されるのは、ひとつのショーケースに、多ジャンルの標本が美しくまとめられたコレクション・ボックス。東京大学の研究の歴史を学ぶことができる展示だ。その他、海外での発掘調査時の資料や、研究室が公開されているエリアも。

　どの展示でも説明文は簡潔にまとめられており、訪れる人それぞれが自由な感性で展示を楽しむことができる。しかし、全てのモノ資料の裏側には、途方もない研究の果てに得られた情報が詰まっており、その隠されたストーリーを紐解いていくのも楽しみ方のひとつだ。

提供：東京大学総合研究博物館
撮影：山田昭順

見どころ

名だたる研究に使用された資料が展示

資料の年代を明らかにする装置も公開！

学術資料の年代を明らかにする「年代測定装置」を見ることができる展示空間「Chronosphere」（クロノスフィア）。東京大学において1960年に始まった放射性炭素年代の測定が行われている「放射性炭素年代測定室」の研究現場を公開している。最先端の研究を覗くことができる貴重な展示だ

提供：東京大学総合研究博物館
撮影：鶴見英成

現在も調査中のアンデス文明の起源を解明する研究資料も公開。2009年から行われている現地調査にて、紀元前の岩絵を書き写したものが展示されているので、ぜひその大きさを体感してほしい。この他、西アジアなど、海外遠征時の調査資料も多く揃う

提供：東京大学総合研究博物館
撮影：フォワードストローク

「コレクション・ボックス」。ナウマンゾウの命名由来となったH. E.ナウマン収集のゾウ化石、牧野富太郎の植物標本など、通常は個別の収蔵庫にある標本が勢揃い

DATA

東京大学総合研究博物館

東京都文京区本郷7-3-1
東京大学本郷キャンパス内
TEL 050-5541-8600（ハローダイヤル）
10:00〜17:00（入館は30分前まで）
〈休〉土曜日、日曜日、祝日（詳しくは博物館HP参照）
〈交〉地下鉄丸の内線本郷三丁目駅より徒歩6分、
地下鉄大江戸線本郷三丁目駅徒歩3分、
地下鉄南北線東大前駅より徒歩15分
〈料〉無料　〈駐〉なし　〈予約〉団体のみ必要

提供：東京大学総合研究博物館

東京大学本郷キャンパス内に所在。東大散策と合わせて訪れてみては

小学校の一角から
世界に羽ばたく
ふくろうとみみずく

東京

豊島ふくろう・みみずく資料館

ふくろう・みみずくの魅力を再確認

ＪＲ池袋駅東口には「いけふくろう」という名の石像が建つ。単なる駄洒落かと思いきや、豊島区とふくろう・みみずくのゆかりは深いらしい。昔、病気になった母親のために娘が雑司が谷の鬼子母神のお告げにより、すすきの穂でみみずくを作って売り、そのお金で薬を買ったという言い伝えが残されている。この言い伝えに由来し、雑司が谷の南池袋小学校の校章のデザインは「すすきみみずく」。そして校内の一角に開設された資料館がこちら。この資料館では、故飯野徹雄氏（元東京大学教授）、故松浦千誉氏、故斉藤みね子氏及び福井章二郎氏から寄贈されたコレクションを中心に、世界１７５か国から集めた各種グッズを１万４０００点収蔵し、その中から約３００点を展示。これらを見れば、ふくろう・みみずくが世界中で親しまれてきたことが分かるだろう。

見どころ

300点のふくろう・みみずくグッズ

すすきみみずくが描かれた浮世絵も！

狭いながらも、世界的にも類を見ないほどの、充実した展示を楽しめる館内。画像はヨーロッパの置物だ。他にもふくろう・みみずくを題材にした工芸品、絵画、玩具、切手などを収蔵。世界中で「知恵の象徴」「福を招く鳥」として親しまれて、造形化されてきたことが分かる

「すすきみみずく」と広重の浮世絵のコーナー。江戸時代から鬼子母神の境内では、郷土玩具「すすきみみずく」が売られてきた。その様子が描かれている歌川広重の浮世絵『江戸高名会亭尽　雑司ヶ谷之図』

ルーブル美術館に収蔵されている紀元前6世紀のギリシャの香料ビン（ルーブル美術館工房複製）。世界中の貴重なグッズが集まっている

DATA

豊島ふくろう・みみずく資料館

東京都豊島区南池袋 3-18-12
豊島区立南池袋小学校内
TEL 平日 03-3981-1190（豊島区教育委員会庶務課）
　　土日 03-3983-2872（豊島ふくろう・みみずく資料館）
10:00 ～ 12:00、13:00 ～ 17:00
〈休〉月～金曜日、年末年始（土・日曜日のみ開館）
〈交〉JR、地下鉄、私鉄池袋駅より徒歩10分、地下鉄東池袋駅より徒歩6分、都電荒川線都電雑司ヶ谷駅より徒歩3分
〈料〉無料　〈駐〉なし　〈予約〉不要

豊島区の地図はふくろうの形に似ている？

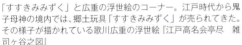

町田忍の博物館レポート

物流博物館

体験コーナーが面白い！

物流の歴史と今がわかる博物館です。1階の「物流の歴史展示室」には、江戸時代の宿場や街道に関する資料や模型、菱垣《ひがき》廻船の図、飛脚の道具、明治以降の物流会社の資料や荷役道具が展示されています。地下の「現代の物流展示室」の目玉は150分の1サイズの大きなジオラマ。飛行機、鉄道、トラック、船などの精巧な模型が動く姿は、見飽きることがありません。照明が朝・昼・晩と変化するのは、物流が24時間体制で動いていることを示しています。

体験コーナーが面白いですよ。天秤棒や頭に荷物を載せて運ぶ体験、風呂敷で物を包む体験、物を届けるゲームなどを楽しめます。飛脚の衣装や物流会社のドライバーの制服を着られるコーナーもおすすめ！

陸海空の物流ターミナルが一目瞭然のジオラマ

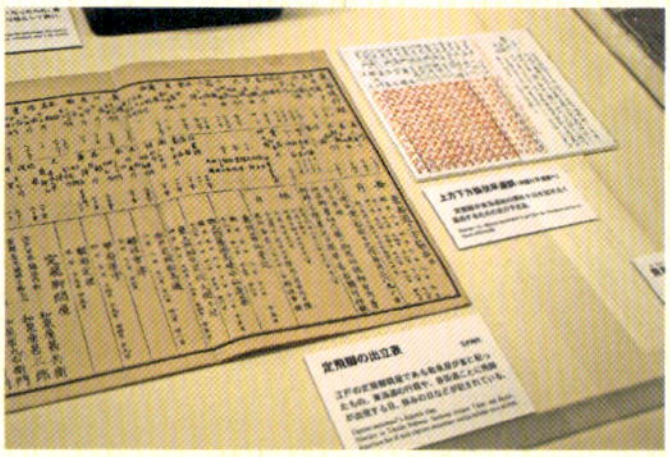

江戸時代の飛脚のスケジュールが記された表。荷物を早く安全に届けるための工夫がされている

かつて普及したトラック用の木炭ガス発生装置。トラック用の装置は珍しい

物流博物館

東京都港区高輪4-7-15
TEL 03-3280-1616
10:00～17:00（入館は30分前まで）
〈休〉月曜日、第4火曜日（祝日の場合は開館）、祝日の翌日、年末年始
〈交〉JR・京浜急行線品川駅より徒歩7分
〈料〉高校生以上200円、65歳以上100円、中学生以下無料
〈駐〉あり 〈予約〉不要

飛脚に変身した町田さん

町で見かけるお馴染みの制服が勢揃い。帽子や靴もある（体験可能日は要問い合わせ）

神奈川

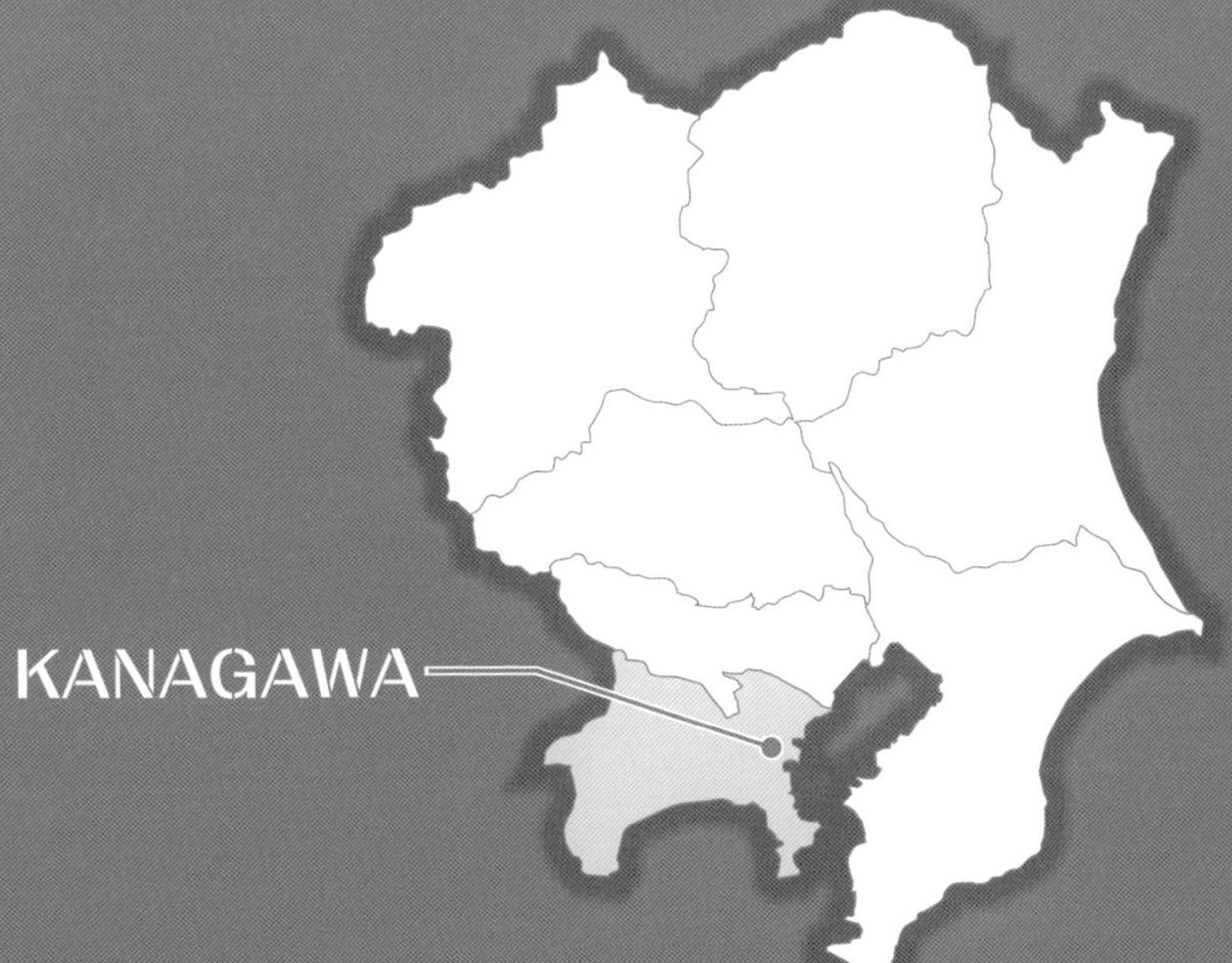

日本で唯一の秘密戦に焦点をあてたミュージアム

神奈川

明治大学平和教育登戸研究所資料館

戦争の記憶をトータルで継承する

旧日本軍が、秘密戦兵器・資材を研究開発していた「登戸研究所」。１９８０年代半ばに、高校生たちが行った聞き取り調査を契機に、登戸研究所遺構の保存運動がおこり、建物の所有者である明治大学は２０１０年に研究所時代の建物一棟を改装し資料館を開設した。研究所では、人体実験に代表される、国際法規や倫理の観点から大きな問題があることも行われていた。資料館では、戦争の記憶を、被害・加害の両面からトータルで継承することの重要性を考え、なぜそうした暴走が行われてしまうのか、戦争と科学研究の関係など、過去の事例を検証しながら現在と未来を考える展示を行っている。キャンパス内には、倉庫跡や動物慰霊碑、消火栓などの遺構が残され、半地下式構造の倉庫跡にも入ることができる。今の時代にこそ足を運びたい場所である。

見どころ

建物そのものが戦争遺構

秘密戦における研究開発の実情を見つめる

5つの展示室を設ける建物そのものが戦争遺構。第4展示室では、研究所における偽札製造に関する資料、製造途中の偽札の現物等を展示している。他にも、謀略工作のための毒物開発の説明図、人体実験を行った所員の証言、タイピストだった職員が保存していた文書『雑書綴』のコピーなどを見ることができる

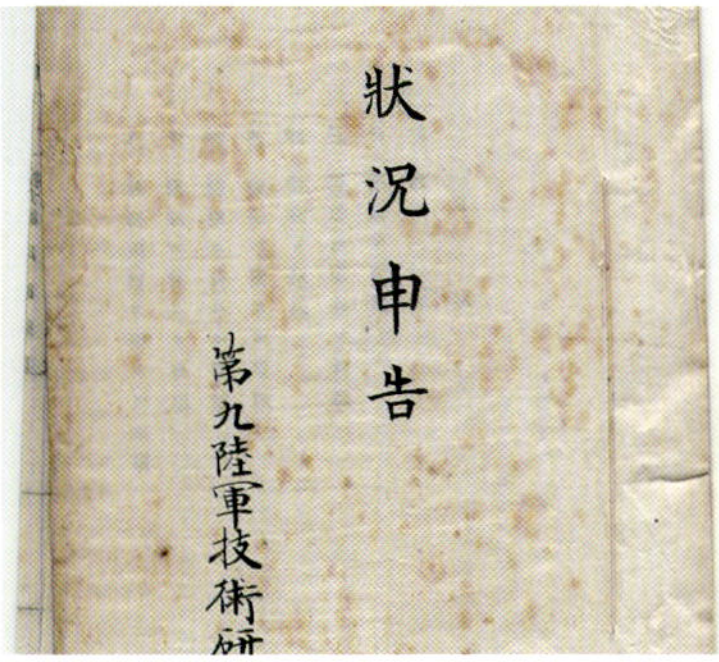
状況申告

第九陸軍技術

本土決戦準備のために長野に移転した後の研究所とそこに持ち込まれた大量の石井式濾水機濾過筒（汚水から細菌を取り除く装置）の現物を展示するとともに、戦後における発掘の過程を説明している第5展示室

終戦時の証拠隠滅命令でほぼ公文書が残っていないとされている中で発見された貴重な「状況申告」。秘密とされていた登戸研究所幹部の名前・役職のほか、組織内容・研究内容も記されている

DATA

明治大学平和教育登戸研究所資料館

神奈川県川崎市多摩区東三田1-1-1
明治大学生田キャンパス内
TEL 044-934-7993
10:00〜16:00
〈休〉日曜日〜火曜日、8/10、8/12、12/26〜1/7、入試実施日※その他大学の都合により臨時休館の場合あり
〈交〉小田急線生田駅より徒歩10分、小田急線向ヶ丘遊園駅からバス「明大正門前」下車
〈料〉無料　〈駐〉なし　〈予約〉不要

登戸研究所で開発が行われていた風船爆弾10分の1の模型や、アメリカまでの飛翔経路図、着弾地図、電波兵器の写真などを展示している

身近なスポーツ、テニスの歴史とともに往時の居留地の生活を知る

神奈川

横浜山手テニス発祥記念館

テニス発祥の地でテニスの歴史に触れる

１８７０年に横浜居留外国人の手により、日本で初めての洋式公園として誕生した山手公園の一角にあるのが「横浜山手テニス発祥記念館」だ。ここは、日本で初めてテニスがプレーされた日本のテニス発祥の地でもある。

１８７４年にイギリスではじまったローン（芝生）テニスが、２年後横浜に伝わり、公園内にテニスコートが造られた。そして、日本初のテニスクラブ「レディース・ローンテニス・アンド・クロッケー・クラブ」が創設される。こうした歴史を伝えるため、クラブ創設１２０周年を記念し、１９９８年に記念館が建設された。館内では、テニスの歴史を紹介し、１００年前のラケットやボールを展示。また、当時の女性たちがテニスをする際のドレスを復元した人形もあり、往時の居住地の人々の生活を感じることができる。

見どころ

テニスウェアはロングドレス！

身近なテニスの歴史を改めて学ぶ

当時のテニススタイル。スポーツウェアなどのない時代、女性たちはボンネットをかぶり、長手袋を着用、スカートの後ろ部分を膨らませる腰当てを付けたロングスカートを身に着けるバッスルスタイルでテニスを楽しんだ。スカートの裾を踏まないよう手の形に工夫した「スカート吊り上げ器」は一見の価値あり

テニスウェアやラケットの変遷を展示。写真は1875年にテニスが始まったころのラケットやボール、ネットなど。コートの大きさやネットの高さなどは現在と少し異なるが、今とほとんど変わらないスタイルで行われていた

テニスの歴史を紹介するパネルや、明治時代中期に山手公園でのテニス風景を描いた漫画なども展示されているため、身近なスポーツの歴史を詳しく知ることができる

DATA

横浜山手テニス発祥記念館

神奈川県横浜市中区山手町230
TEL 045-681-8646
9:30〜17:00
〈休〉第３月曜日（祝日の場合は翌日）、年末年始
〈交〉JR京浜東北線・根岸線石川町駅より徒歩約12分、みなとみらい線元町・中華街駅より徒歩約15分
〈料〉無料 〈駐〉あり 〈予約〉不要

関東大震災により山手の地域は壊滅的な被害を受ける。テニスコートは震災後クレーコートとして復活。現在も市民が利用している。資料館の建物は1998年に建てられたもの

レトロな雰囲気の市電に乗って“エモい”一枚を撮影！

見どころ

**今はなき市電が新幹線と並走!?
実物とジオラマで時代を体感**

左上／「ハマジオラマ」　左下／横浜の都市交通の歴史を展示　右／館内には7つの車両が並ぶ

神奈川

横浜市電保存館

〝チンチン電車〟が横浜の街を走る

明治から昭和にかけて約70年間〝チンチン電車〟の愛称で親しまれた横浜市電。保存館は、市電が廃止された翌年の１９７３年に開館した。

館内には、市電車両、停留所標識、敷石を当時の姿で保存。市電が走っていた時代の「時間」と「空気」を感じることができる。また、２０２３年には全長9.5ｍの精巧な模型ジオラマ「ハマジオラマ」が誕生。横浜の街に市電、地下鉄、新幹線、電車、バスが走行する姿を楽しむことができる。

市営バスの営業所の隣に建つ

DATA

横浜市電保存館

神奈川県横浜市磯子区滝頭3-1-53
TEL 045-754-8505
9:30～17:00（入館は30分前まで）
〈休〉水曜日、木曜日（祝日の場合は開館）、年末年始
〈交〉横浜市営地下鉄吉野町駅、JR京浜東北線根岸駅よりバス「滝頭」または「市電保存館前」下車
〈料〉高校生以上300円、3歳から中学生100円
〈駐〉あり　〈予約〉不要

長谷寺のご本尊、観音菩薩の教えや姿・かたちをわかりやすく伝える

見どころ

長谷寺の参拝とともに楽しめる「観音三十三応現身像」を具現化

左上／ヴィジブルストレージ（見える収蔵庫）
左下／梵鐘（重要文化財）　右／観音三十三応現身像

神奈川

観音ミュージアム

観音菩薩の世界に引き込まれる空間

鎌倉を代表する寺である「長谷寺」。その境内に2015年に開館したのが「観音ミュージアム」だ。前身の「長谷寺宝物館」の事業を継承し、仏教において多くの人々に敬われた「観音菩薩」の教えをわかりやすく伝えている。33通りに姿を変える観音菩薩は、参拝者の願いに応じた姿に変化し、人々を救う。その教えを具現化した「観音三十三応現身像」は、鑑賞者を取り囲むように展示。観音菩薩の世界に引き込まれる。

長谷寺の参拝とともに楽しみたい

DATA

観音ミュージアム

神奈川県鎌倉市長谷3-11-2 長谷寺境内
TEL 0467-22-6100
9:00～16:30（入館は30分前まで）
〈休〉不定休
〈交〉JR横須賀線鎌倉駅よりバス「長谷観音」下車徒歩5分、江ノ電長谷駅より徒歩5分、横浜横須賀道から朝比奈IC下車 県道204号にて30分
〈料〉中学生以上300円、小人150円（要別途拝観料　中学生以上400円、小人200円）
〈駐〉あり　〈予約〉不要

かいこ、製糸、染織
染織工芸や絹製品の名品
「絹のすべて」を学習できる

神奈川

シルク博物館

シルクのすべてがわかる場所

開港時から昭和初期まで、横浜港の主要な輸出品が絹であったこともあり、1959年、横浜開港百周年記念事業として開館した「シルク博物館」。所在地である山下町1番地は、横浜が開港した当初、イギリスの総合商社である「ジャーディン・マセソン商会」（通称「英一番館」）があったゆかりの場所である。

博物館では、かいこから製糸、染織など絹ができるまでの工程、古代から現代までの絹服飾の移り変わり、蚕糸・絹業の変遷や染織工芸の名品、和洋にわたる絹製品の数々を展示している。一年を通してかいこを飼育し展示しているため、かいこが糸を吐き出しまゆをつくり、まゆから糸を引き出す過程を見ることも可能。また、糸繰りや機織り体験ができるコーナーもあり、「絹のすべて」を学習できる貴重な博物館となっている。

見どころ

かいこがまゆを作る様子を見ることができる

優れた美しい絹の名品を間近に

1階の「ふしぎファーム」では、オリジナルキャラクターの「まゆるん」の案内でクイズに挑戦し、かいこから絹製品ができるまでを楽しく学ぶことができる。養蚕・製糸業で使われていた道具や、染めの様々な課程も展示されているため、まゆから糸、そして絹製品に至る過程を追って学ぶことが可能だ

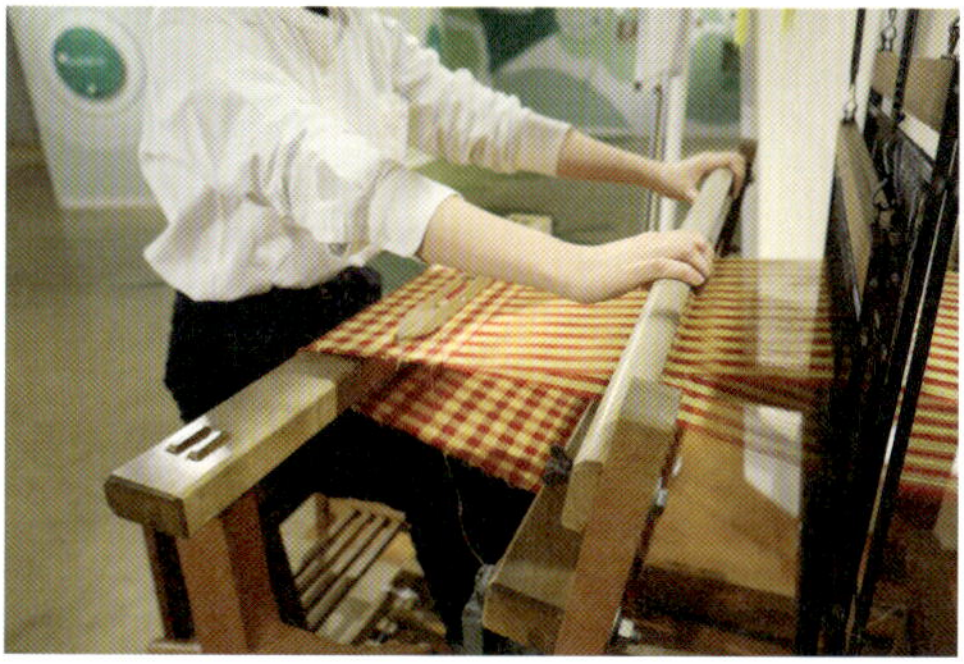

糸繰りや機織りの体験のほかに、小学生向けのワークショップやかいこ教室（夏休み期間）なども開催しているので、自由研究などにもおすすめ。横浜の貿易の歴史や養蚕業など、幅広いテーマで学習することができる

2階には世界の民族衣装や江戸時代の小袖、重要無形文化財保持者の作品など、優れた絹の染織品を展示。古代から近現代まで、日本の衣装の変遷を辿ることができる

DATA

シルク博物館

神奈川県横浜市中区山下町1
シルクセンタービル2階
TEL 045-641-0841
9:30~17:00（入館は30分前まで）
〈休〉月曜日（祝日の場合は翌日）、
年末年始、その他臨時休館あり
〈交〉みなとみらい線日本大通り駅より
徒歩約3分
〈料〉一般500円、シニア・大学生300円、
小・中学生・高校生100円
〈駐〉なし 〈予約〉不要

一年を通して飼育されているかいこ。餌を食べている愛らしい姿や、時期によってはまゆをつくる様子を実際に観察することができる

左上／現存最古のパチンコ台　左下／現存最古の日本製ウォールマシン　右／手打ち式パチンコの歴史的名機の数々

館長自ら調査し明らかにしたパチンコの正しい歴史を伝え残す

見どころ

パチンコのルーツを解明

現存最古の遊技機が並ぶ

神奈川

パチンコ誕生博物館

パチンコの正しいルーツを伝える

パチンコのルーツを解明すべく、現存最古のパチンコ台などを蒐集し、特許資料や新聞を調査、戦前からの関係者に取材した館長の杉山一夫さんが、「パチンコの正しい歴史を後世に伝えたい」という思いで2020年に開館。現存最古のパチンコ台や、その基となった現存最古のウォールマシンなど貴重なマシンを展示している。「歴史を繋ぐ後継者を育てたい」と話す杉山さん。一大産業・パチンコの正しい歴史を次世代に発信している。

自宅を改装して開館

DATA

パチンコ誕生博物館

神奈川県横須賀市桜が丘1-8-13
TEL 046-834-5851
11:00〜17:00（日曜日のみ開館）
〈交〉京浜急行馬堀海岸駅より徒歩15分
〈料〉500円
〈駐〉なし
〈予約〉必要（2時間ごとの予約制）

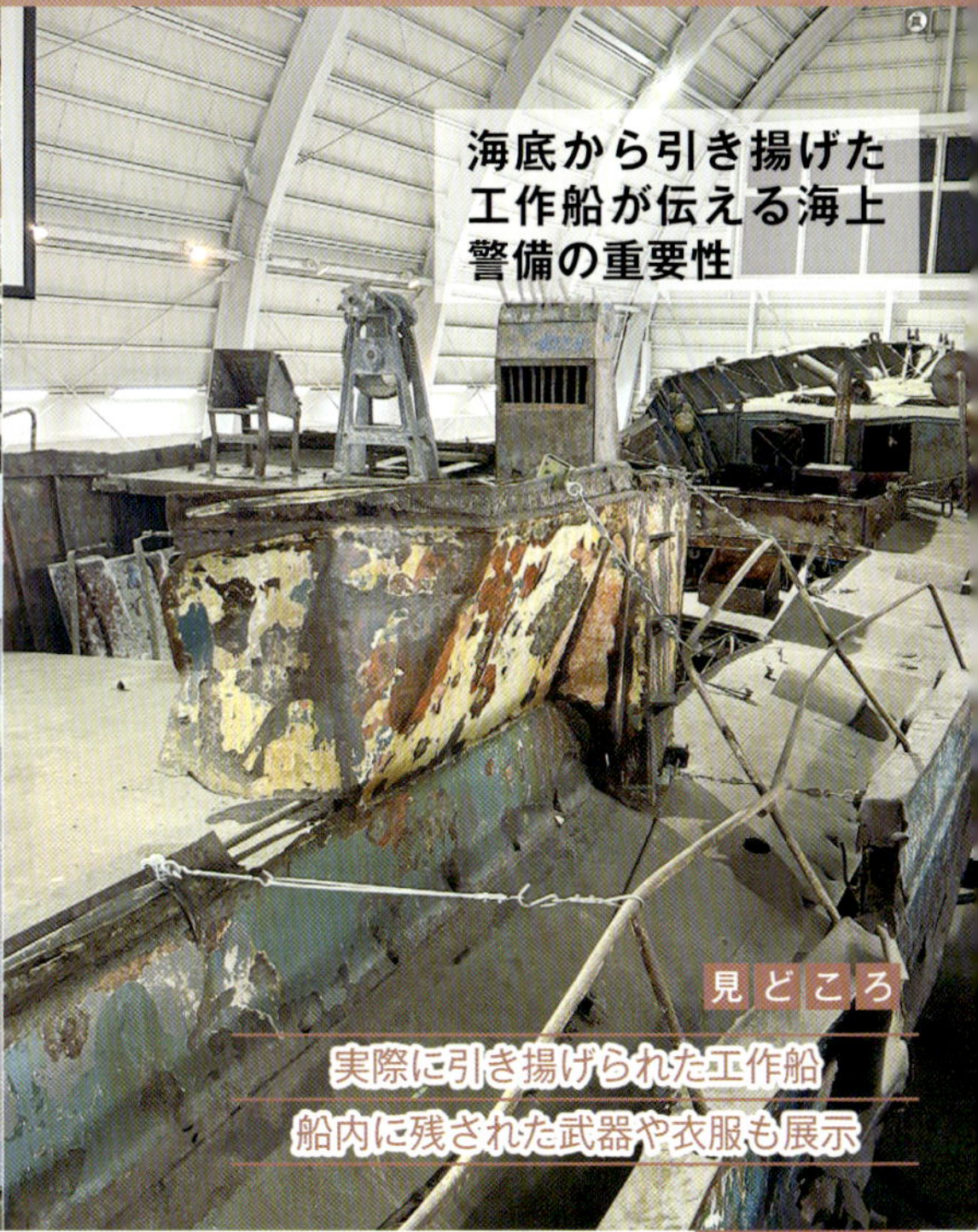

海底から引き揚げた工作船が伝える海上警備の重要性

見どころ

実際に引き揚げられた工作船

船内に残された武器や衣服も展示

左上／押収された武器　左下／金日成バッジ
右／全長20mを超える工作船

神奈川

海上保安資料館横浜館

事件の重みを伝える実物の工作船

日本周辺の海域の現状と、海上警備の重要性を発信する施設として、横浜・みなとみらいに２００４年に開館。館内には、２００１年に発生した九州南西海域工作船事件にかかる工作船および回収物などを展示している。

水深約９０ｍから引き揚げられた全長２９・６８ｍの工作船、殺傷能力のある武器や船員が身に着けていたと思われる衣服などが事件の重みを伝えている。海上警備の重要性を身近な問題として感じることができるだろう。

みなとみらいの観光地に立地する

DATA

海上保安資料館横浜館

神奈川県横浜市中区新港1-2-1
TEL 045-662-1185
10:00〜17:00（入館は30分前まで）
〈休〉月曜日（休日の場合は翌平日）、年末年始
〈交〉みなとみらい線馬車道駅または日本大通り駅より徒歩8分、JR・市営地下鉄桜木町駅より徒歩17分
〈料〉無料　〈駐〉なし　〈予約〉不要

情報社会の現代
新聞やジャーナリズム
の役割に思いを馳せる

神奈川

ニュースパーク（日本新聞博物館）

新聞の歴史を辿り、役割を知る

新聞文化の継承と発展を目的に、日本における日刊新聞発祥の地である横浜に開館した、日本新聞協会が運営する情報と新聞の博物館。江戸時代の瓦版や冊子型新聞をはじめ、明治時代、はさみ箱に新聞を入れ、天秤棒で担ぎ鈴を鳴らしながら配達した新聞配達の様子を伝える「法被」や「ちりんちりん箱」などの貴重な史料を展示。また、明治、大正、昭和の戦時中の紙面、戦後から現在までの様々なニュースを伝えた紙面や、カメラや無線機、写真電送機など取材に使われた様々な機器や印刷機器も展示。取材体験ゲームや輪転機ゲーム、配達ゲームなどもある。また全国の新聞を手に取って読むことができる新聞閲覧室も。様々な展示を見つめ、体験することで、情報社会と新聞・ジャーナリズムの役割に思いを馳せることができる内容だ。

見どころ

昔の紙面を数多く観覧できる

取材や印刷、配達をゲームで体験

実際の新聞紙面（一部複製）を数多く展示しているため、歴史と現代の両面から新聞やジャーナリズムの役割を考えることができる。情報化社会の中で、たくさんの情報に囲まれている私たちにとって、確かな情報を届けるために発展を続けてきた新聞のこれまでを体感することで情報を見極める力の重要性を感じさせる

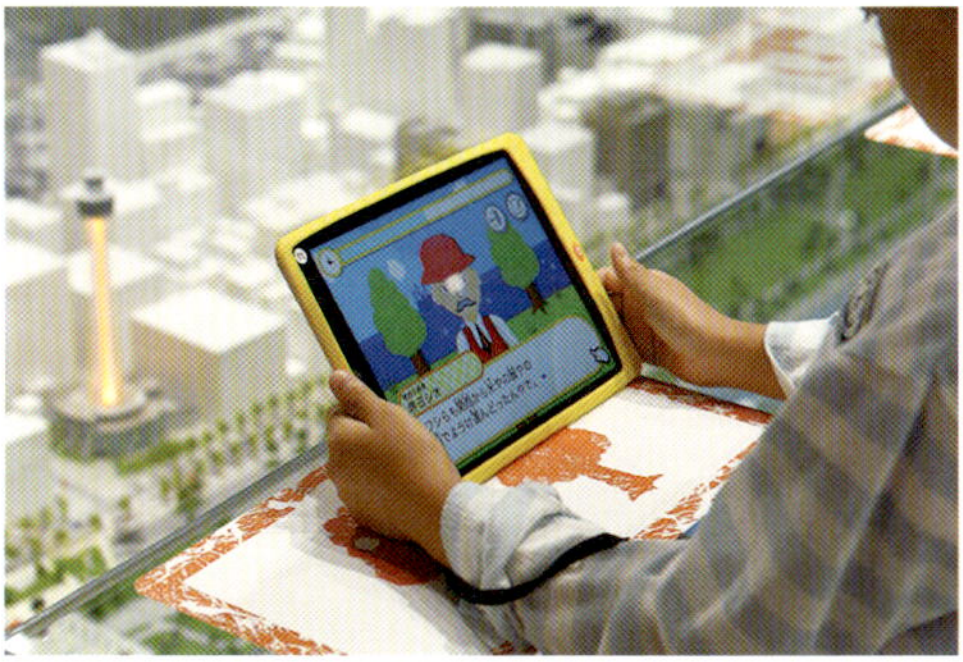

取材体験ゲームでは、タブレット端末を展示室内のジオラマにかざし、過去の横浜にタイムスリップ。新聞記者となり、「横浜発展」「日本大通り」「山下公園」の3つのテーマで取材を行い、横浜を巡る秘密を解き明かす。成果は新聞となって出来上がる

館内には、新聞がどのように作られ、届けられているのかを体験する新聞配達ゲームも。子どもも大人も、遊びながら新聞の様々な面を知ることができる

DATA

ニュースパーク（日本新聞博物館）

神奈川県横浜市中区日本大通11
横浜情報文化センター
TEL 045-661-2022
10:00～17:00（入館は30分前まで）
〈休〉月曜日（祝日の場合は翌平日）、12月29日～1月4日
〈交〉みなとみらい線日本大通り駅３番情文センター口直結、JR・横浜市営地下鉄関内駅より徒歩10分
〈料〉一般400円、大学生300円、高校生200円、中学生以下無料
〈駐〉なし　〈予約〉不要

日本機械学会の「機械遺産」に認定された「マリノニ型輪転機」。作業効率を劇的に改善し、日本における新聞印刷の能力を向上させた。展示中の機器は、1926年頃に製造されたもの

鉄道を愛した原信太郎と世界中の鉄道との物語の世界へ

神奈川

原鉄道模型博物館

先端技術がもたらした新しい夢

博物館の初代館長である原信太郎が製作・所蔵した、日本、ヨーロッパ、アメリカを中心とした世界一とも言われる膨大な鉄道模型と、鉄道関係のコレクションを展示している博物館。出迎えてくれるのは、鉄道ファンの中では「或る列車」という名で知られる客車。その横には、箱根登山鉄道やオリエント急行の模型が並ぶ。車輪の細部まで描き込んだ大量のスケッチ、家族を巻き込んで集めた一番切符、そして、本物の鉄道車両を忠実に再現した模型や線路――。これらを眺めていると、原の鉄道への情熱と、一つひとつの展示品の物語性を感じることができる。

鉄道史のみならず、現代産業史にとっても貴重な展示品の数々。「その時代の先端技術」がもたらした、「旅の夢」「見知らぬ世界への憧れ」「新しい産業への夢」がここにある。

見どころ

映画のセットのようなジオラマ

実際の車両を素材から再現した鉄道模型

一番ゲージ（縮尺約1/32）の鉄道模型が走行する、一般公開されている施設としては世界最大級のジオラマ。本物の鉄道の技術を搭載することで、本物と同じサウンドを可能にした。パリのリヨン駅、ブタペスト中央駅をモデルとした駅舎を中心とした映画のセットのような街並みを走る鉄道車両の姿に時間を忘れてしまう

本物の運転台を使い、大型ジオラマを走る鉄道模型を操縦できる運転シミュレーター「動鉄実習（うごてつじっしゅう）」。鉄道模型にはカメラが付いていて、ジオラマの景色を見ながら運転することができる（１日３回・各回先着順５名）

後から蒐集するのではなく、開業するその時に出かけて購入していた一番切符。原だけでなく、家族や周囲を巻き込んで、綿密な作戦を練って集めた貴重な一番切符のコレクションは必見

DATA

原鉄道模型博物館

神奈川県横浜市西区高島1-1-2
TEL 045-640-6699
10:00～17:00（チケット販売終了16:00 ／入館は30分前まで）
〈休〉火曜日、水曜日（祝日の場合は翌営業日）、年末年始、2月上旬（館内保守点検期間）
〈交〉横浜駅より徒歩約５分、みなとみらい線新高島駅より徒歩約３分
〈料〉平日　大人1,200円、中学・高校生900円、小人（4歳以上）600円　土日・祝日・ハイシーズン　別料金
〈駐〉あり　〈予約〉必要

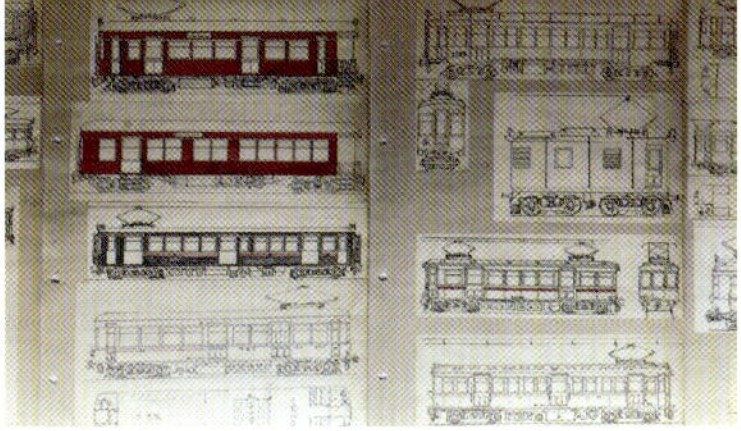

多数並ぶ原が描いた鉄道のスケッチ。バネや車輪など、まるで図面のようなスケッチ。これらをもとに、原や職人が模型を製作した

骨格標本を見つめ
動物の体のつくり、
進化の過程を想像する

神奈川

日本大学生物資源科学部博物館「骨の博物館」

大型動物や家畜、骨格標本を見比べる

古くから研究のために関連する資料や骨格標本を収集・保存してきた日本大学。その資料の保存・管理からスタートし、１９８４年に資料館となり、２００６年には博物館に。そして２０１９年に「骨の多様性と進化」をテーマとする展示の拡充を行い、現在は「骨の博物館」として一般公開を行っている。

特徴は骨格標本が充実していること。中でも、クロミンククジラやキリン、アフリカゾウやシロサイなどの大型動物の骨格標本は珍しい。また、家畜の骨格標本も充実し、馬は3品種、豚も数品種展示しているため、比較して観察することが可能だ。学生が授業や研究の一環でスケッチしたり、一般の人は人間の骨格と動物の骨の形状を比べたり、小学生が夏休みの自由研究のために訪れたり、様々な楽しみ方ができる場所である。

見どころ

迫力ある大型動物の標本

家畜の骨格標本が複数種あるのも珍しい

1階は「海」「空」「陸」「透明標本」のテーマに分けて展示。標本はガラスケースに入れずに展示しているため、本物の質感や迫力をダイレクトに感じることができる。写真は、館内で最も大きい、全長8.5mに及ぶクロミンククジラの骨格標本。この標本を前にすると圧倒される

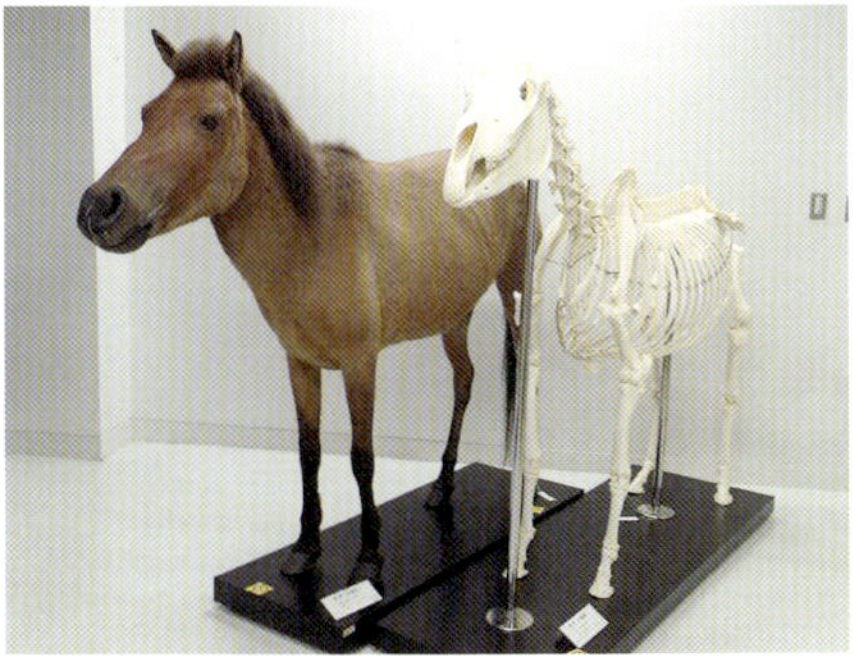

骨格標本と剥製標本が並んで展示されているもののいくつかは、同一個体から作られている。馬などの家畜は何品種か展示されているものもあり、品種による骨格の違いを見比べることもできる

薬品で骨を染色し、筋肉や皮を透過させることで生きたままと同じ状態の骨を観察することができる透明標本も多数展示している。こちらは「ヘダイ」の透明標本。神秘的な姿に引き込まれる

DATA

日本大学生物資源科学部博物館
「骨の博物館」

神奈川県藤沢市亀井野1866
TEL 0466-84-3892
10:00～16:00、土曜日10:00～12:30
（入館は30分前まで）
〈休〉日曜日、土曜日（第2,4,5）、祝日、10/4（創立記念日）、その他大学の休日
〈交〉小田急江ノ島線六会日大前駅より徒歩約4分
〈料〉無料　〈駐〉なし　〈予約〉不要

生物資源科学部のある、東京ドーム12個分の広さの日本大学湘南キャンパス内に佇む「日本大学生物資源科学部博物館」。正門からすぐなので、迷わずに行くことができる

真鶴、そして世界の海や磯で出合える生物の多様性を体感できる

見どころ

生きた化石「オキナエビスガイ」
真鶴半島の多種多様な生物に出合う

左上／世界の貝類　左下／磯のジオラマも
右／「オキナエビスガイ」などの展示

神奈川

真鶴町立遠藤貝類博物館

真鶴半島の豊かな海の恵みを体感

相模湾に突出し、黒潮系の沿岸水により海岸動植物の宝庫となっている神奈川県立真鶴半島自然公園内にある「真鶴町立遠藤貝類博物館」。真鶴生まれの貝類研究家である遠藤晴雄が生涯をかけて収集した約４５００種5万点の貝類標本を収蔵展示するとともに、真鶴の海に関する様々な展示を行っている。生きた化石「オキナエビスガイ」は必見。自然教育活動にも力を入れ、年間を通じて自然体験型のイベントも開催している。

神奈川県立真鶴半島自然公園内に佇む

DATA

真鶴町立遠藤貝類博物館

神奈川県足柄下郡真鶴町真鶴1175-1
ケープ真鶴２F
TEL 0465-68-2111
10:30～15:30（入館は30分前まで）
〈休〉水曜日、木曜日（祝日の場合は翌金曜日）、年末年始
〈交〉JR東海道本線真鶴駅よりバス「ケープ真鶴」下車すぐ
〈料〉大人300円、小人150円
〈駐〉あり　〈予約〉不要

埼玉

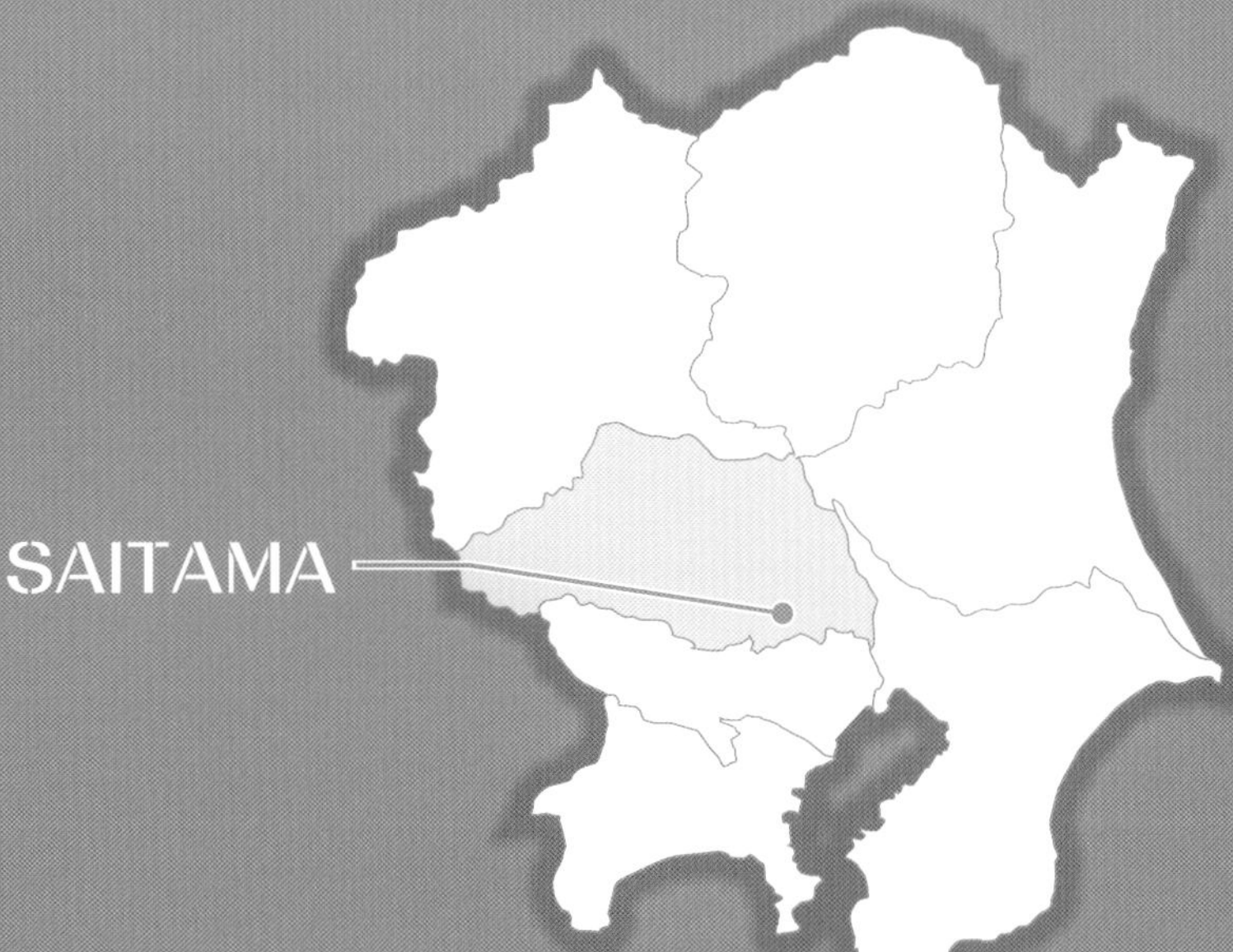

日本で生まれた歴史ある盆栽文化を世界に発信！

埼玉

さいたま市大宮盆栽美術館

初心者も玄人も盆栽を満喫

関東大震災を契機に、東京から数軒の盆栽業者が移り住み、戦前には30以上の盆栽園が軒を連ねたことから、「盆栽町」という町名を持つようになったこの地域。この町に隣接する場所に、２０１０年、盆栽文化の研究や情報発信の拠点として開館した。盆栽を中心に、盆器、水石、絵画資料、歴史・民俗資料を紹介し、国内外に盆栽文化を発信している。

著名人が愛好した盆栽をはじめ名品といわれる盆栽を多数所蔵。ロビーでは季節の一鉢、コレクションギャラリーでは3席の座敷飾りをはじめ、見頃を迎えた盆栽を合わせた9席を週替わりで室内展示している。約70点の盆栽が並ぶ庭園は圧巻。様々な樹形・樹種の盆栽には、盆栽の見方や見どころについての解説パネルもあり、初心者も玄人も満足させる、盆栽専門の美術館である。

見どころ

約70点の盆栽が並ぶ庭園は圧巻

「名品」とされる盆栽を身近に鑑賞

「コレクションギャラリー」はプロローグ、ギャラリー、座敷飾りの３つの空間から構成されている。季節に合わせて週替わりで紹介する座敷飾りでは、「真」「行」「草」の格式に分け、それぞれ盆栽を活かしたもてなしの空間を演出している

屋外の盆栽庭園には、約70点が並んでいる。360度眺められるように展示している盆栽もあり、正面や背面の違いも楽しむことができる。また、本館２階の盆栽テラスから庭園を一望することができ、四季折々の風景をゆっくりと味わうことができる

写真は黒松　銘「獅子の舞」。黒松ならではの重厚感を感じさせる。太くたくましい幹が根元から大きく折れ曲がり、幾重にも屈曲しながら力強く立ち上がっている

DATA

さいたま市大宮盆栽美術館

埼玉県さいたま市北区土呂町2-24-3
TEL 048-780-2091（代表）
9:00～16:30（3月～10月）、9:00～16:00（11月～2月）（入館は30分前まで）
〈休〉木曜日（祝日の場合は開館）、年末年始、臨時休館あり。2025年3月20日（予定）まで庭園改修のため休館
〈交〉JR宇都宮線土呂駅より徒歩5分、東武アーバンパークライン（野田線）大宮公園駅より徒歩10分
〈料〉一般310円、高大生・65歳以上150円、小中学生100円
〈駐〉あり　〈予約〉不要

季節の移ろいを感じられるのも盆栽の魅力。山もみじ　銘「武蔵ヶ丘」は、根が癒着して地面に現れた「盤根（ばんこん）」と呼ばれる根張りが見どころ。山間の散策路を表現している

左上・右／構造を説明する模型　左下／映画のロケでも使用される操作室

首都圏外郭放水路の構造を知り、水害対策について学びを深める

見どころ

モニターが並ぶ操作室も見学可能
首都圏外郭放水路を探究

埼玉

首都圏外郭放水路地底探検ミュージアム「龍Q館」

防災や水害対策を学ぶ

洪水を防ぐために建設された世界最大級の地下放水路である「首都圏外郭放水路」。「龍Q館」は、周辺流域の防災や水害対策の情報を一般に広く発信する施設として2003年に開館された。ここでは、首都圏外郭放水路の各設備の模型や映像によって、機能を詳しく解説。各施設を常時監視するモニターが並ぶ操作室も窓越しに見学することができる。首都圏外郭放水路の見学前後に訪れれば、一層学びを深めることができるだろう。

「龍Q館」を併設する「庄和排水機場」

DATA

首都圏外郭放水路
地底探検ミュージアム「龍Q館」

埼玉県春日部市上金崎720
TEL 048-746-0748
9:30～16:30（入館は30分前まで）
〈休〉月曜日、年末年始
〈交〉東武野田線（東武アーバンパークライン）
南桜井駅より徒歩約25分
〈料〉無料　〈駐〉あり　〈予約〉不要

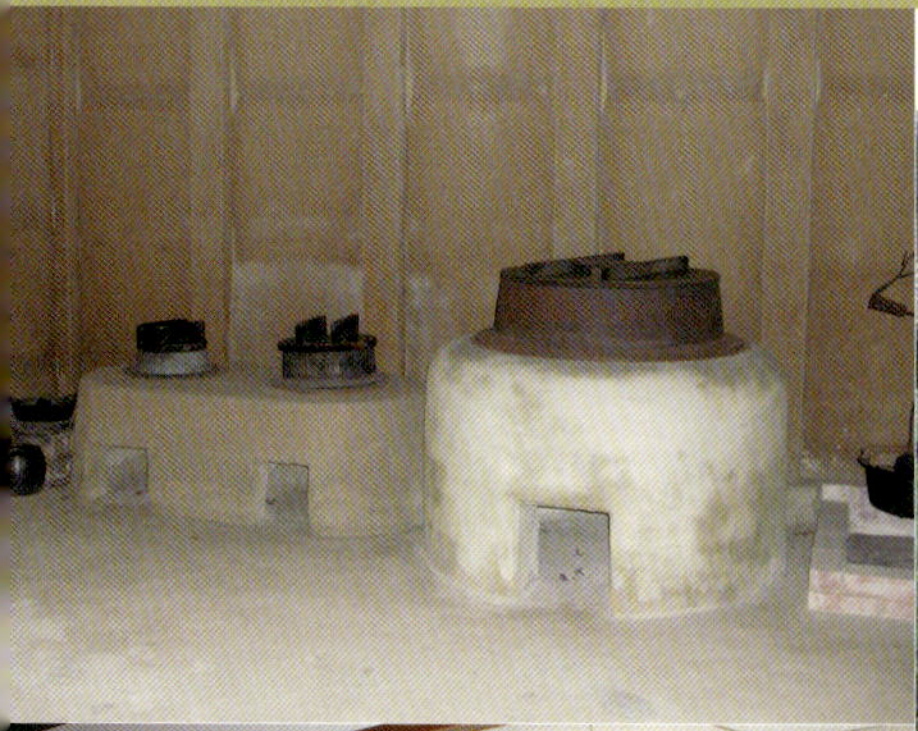

明治期に栄えた
商家の暮らしを
そのまま再現！
見どころ
セキュリティの強さが伝わる三重の扉
明治期商家の帳場・金庫部屋

左上／土カマド、イロリ、流しを復元　左下／十代目星野仙蔵関連の使用品など　右／明治後期に建てられた離れ

埼玉

福岡河岸記念館（旧福田屋）

明治期の船問屋当時の商家の暮らしを伝える

市指定文化財「福田屋」は、江戸時代後期に開業し、明治時代まで栄えた回漕問屋。その建造物を後世に伝える為「福岡河岸記念館」として1996年に開館した。主屋、台所棟、離れ、文庫蔵が残されており、主屋では帳場、金庫部屋などを備えた間口六間の店構えを再現。帳場道具や印半纏などを展示している。また、大勢の使用人や家族が使用した食器や炊事道具などを展示した台所棟など、当時の船問屋の暮らしを伝えている。

明治時代の商家の雰囲気が感じられる

DATA

福岡河岸記念館（旧福田屋）

埼玉県ふじみ野市福岡3-4-2
TEL　049-269-4859
10:00〜16:30（5月〜9月）
10:00〜16:00（10月〜4月）
〈休〉月曜日、年末年始
〈交〉東武東上線上福岡駅より徒歩20分、福岡駅よりバス「城北埼玉中学・高等学校」下車徒歩3分
〈料〉一般、学生100円、高校生以下50円
〈駐〉あり

子どもの頃、誰もが楽しみにしていた給食の歴史を知ろう！

埼玉

学校給食歴史館

学校給食の歴史を辿る

学校給食に関する歴史資料を収集、公開する「学校給食歴史館」。館内では、歴史年表、懐かしの給食風景写真、給食用食器などが展示されており、中でも年代別にずらりと並ぶ給食サンプルに注目。時代とともにカラフルに、バリエーション豊かに変化していくメニューに注目したい。

　また、埼玉県独自の取り組みも多数紹介している。２００４年に開催された国民体育大会「彩の国まごころ国体」のマスコットが描かれた学校給食パン「コバトンパン」のサンプルが並ぶ。さらに、ラグビーの２０１９年ワールドカップ開催を記念したラグビーボール型のパンや、期間限定の牛乳パックなども展示している。

　懐かしの給食話に花が咲くこと間違いなし。学校給食の変遷が時代の変化とともにあったことを実感できる場所だ。

見どころ

学校給食のはじまりはお寺から

味噌汁からトマトシチューへ！

日本初の給食を再現。メニューは塩むすび、鮭、菜の漬物だ。明治22年（1889）、山形県鶴岡町（当時）の大督寺にて、貧困家庭の児童を対象に、昼食を無償で提供したのが給食のはじまりとされている

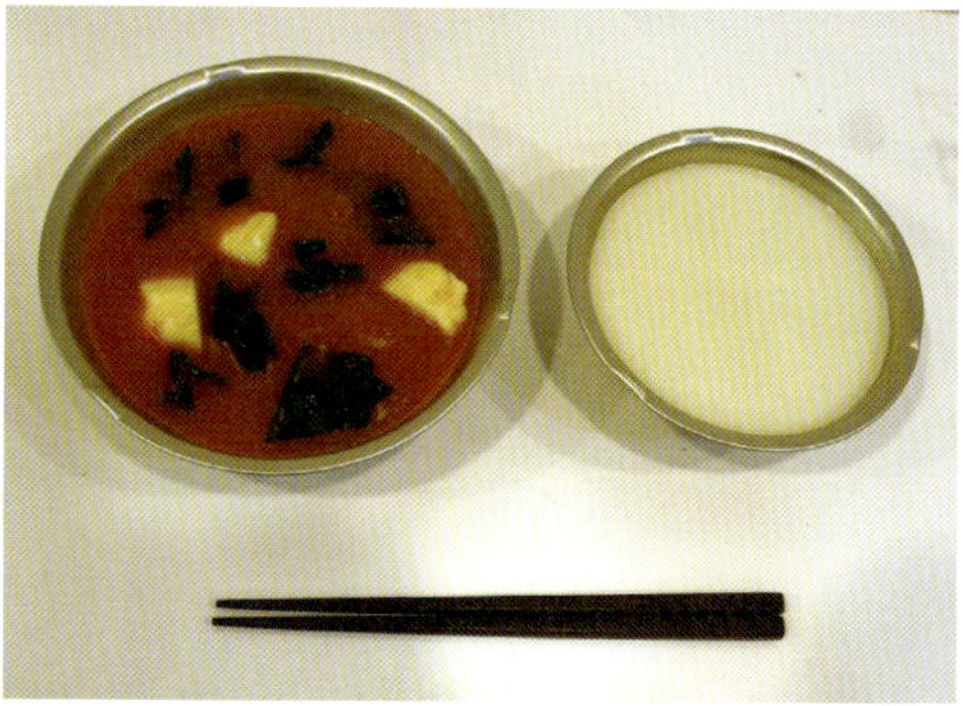

1947年の給食サンプル。色鮮やかなトマトシチューが目を引く。戦後、ララ（アジア救援公認団体）やユニセフなどから日本へ届けられた支援物資により、給食メニューは「和」から「洋」へ変化していった

昭和45年以降、給食にごはんを出すため、一度に大量に炊く方法を模索。パン釜を利用して米を炊いたこともあった。写真はごはんを一食ずつ盛り付けた容器

DATA

学校給食歴史館

埼玉県北本市朝日2丁目288番地
TEL 048-592-2115
9:00〜16:00
〈休〉土曜日、日曜日、祝日、年末年始、夏期（8/13〜8/15）
〈交〉JR高崎線北本駅より市内循環「川越観光バス」北本高校先回りで約15分「ワコーレ北本」下車
〈料〉無料　〈駐〉あり
〈予約〉10名以上の団体は要予約

学校給食発祥の地、大督寺にある記念碑のレプリカ。中央にある像形物は「器」をイメージしたものといった説が

多くのジオラマ展示も魅力の一つ。入間市・お茶の歴史や文化を学ぼう！

埼玉

入間市博物館ＡＬＩＴ《アリット》

狭山茶をはじめとしたお茶の博物館

１９９４年開館の「入間市博物館ＡＬＩＴ」。館名のＡＬＩＴとは、市民から寄せられた案から選ばれたもの。「Art（美術館）・Archives（文書館）」「Library（図書館）」「Information（情報センター）」「Tea（お茶）」の頭文字から名づけられ、様々な機能を持つ博物館であることを示す。入間市の自然や歴史、民俗文化を紹介するほか、「狭山茶」の主産地として、狭山茶に関する展示や、国内外の茶に関する資料を展示。展示室の約半分は「茶」の展示が占めており、多くのジオラマ展示や茶室の再現などで、茶の文化や歴史を学ぶことができる。「こども科学室」は、実験や体験を通して科学を学ぶことができる部屋。不思議な仕掛けがたくさんあり、大人も一緒に楽しめる空間だ。館庭やバルコニーからは、狭山丘陵や富士山の展望が楽しめる。

見どころ

実物大に復元した利休の茶室

日本、世界各地のお茶について紹介

千利休が大坂城内に建てた、二畳の茶室を復元した展示。国宝の妙喜庵待庵（みょうきあんたいあん）とほぼ同じ造りとなっている。他にも、室町時代に寺の門前に立った「小屋掛けの茶屋」の再現や、中国、チベット、イギリスなど、世界各国のお茶を飲む部屋の情景ジオラマなど、幅広く展示している

2023年1月にリニューアルオープンした常設展示「入間の歴史」では、「昭和の入間」コーナーを新設しており、昭和初期の農家や、1965年ごろの建売住宅を一部再現。人々の生活や町の様子、身近な道具の変化の学習にも役立つ

茶に関する展示がずらりと並ぶ。江戸時代後期に狭山丘陵のふもとで誕生した「狭山茶」の歴史を紹介。狭山茶の生産用具一式は、国登録有形民俗文化財になっている

DATA

入間市博物館ALIT

埼玉県入間市大字二本木100
TEL 04-2934-7711
9:00～17:00（入館は30分前まで）
〈休〉月曜日（祝日の場合は翌平日）、第4火曜日、年末年始
〈交〉圏央道入間ICより5分、西武池袋線入間市駅よりバス「入間市博物館」下車すぐ
〈料〉大人200円、高・大学生100円、小・中学生50円
〈駐〉あり　〈予約〉不要

こちらは加治丘陵の森を再現したジオラマ。その他、入間川で発見されたアケボノゾウの足跡化石など、入間市の自然や歴史について多くの資料が展示されている

子どもも大人も、身近な自然環境についてじっくり学べる

埼玉

大越昆虫館

自然環境について学びを深めよう

地域の人々、特に未来を担う子どもたちを対象に、自然環境に関する学習の促進を願い開館した「大越昆虫館」。運営するのは大越昆虫館運営委員会。会員等から寄贈された昆虫の標本がずらりと並び、その情報量の多さに驚く人も多いという。館内では埼玉の蝶の標本から、本州から九州の各地域で種分化した、飛ぶことができないカミキリ虫こと、コブヤハズカミキリ類の成虫の年間生体展示まで、様々な昆虫をじっくりと観察することができる。

また、昆虫館の立地にも注目して欲しい。隣接する利根川河川敷はトノサマバッタなど、昆虫の宝庫。地域の自然環境教育の拠点として、月に1~2回のペースで、自然観察会、昆虫教室、講演会などのイベントが開催され、多くの子ども達が参加し、自然環境について日々学んでいる。

見どころ

昆虫館周辺の自然環境にも注目

季節ごとのイベントも目白押し

昆虫館周辺の様子。写真奥は利根川土手、中央左は観察池、右側は屋敷林になっている。昆虫館敷地内や、利根川河川敷での子ども達の昆虫採集や持ち帰りは基本的に自由。近くの渡良瀬遊水地は、埼玉、群馬、栃木、茨城の4県にまたがる日本最大の遊水地だ

1,000km以上も海を越えて旅をする蝶「アサギマダラ」（右下）と羽を広げると20 ～ 30㎝ほどになる世界最大の蛾「ヨナグニサン」（中央上）館内では標本づくりの体験もできる

飛べない宝石甲虫、オサムシ類。他にもオオセンチコガネの色彩の変化を地域ごとに比較する展示も。生物多様性を示す標本をじっくり観察しよう

DATA

大越昆虫館

埼玉県加須市大越2688番2
TEL 090-8514-1955
10:00~16:00
〈休〉月曜日～金曜日、年末年始
（夏休み期間前半は開館予定）
〈交〉東武日光線柳生駅よりタクシー 7.6km
東武伊勢崎線加須駅よりタクシー 7.8km
〈料〉無料 〈駐〉あり 〈予約〉不要

1991年に埼玉県の県蝶に指定された、ミドリシジミとその仲間たち

日本一の「大水車」から
大型スクリーンの映像
まで、迫力ある展示

埼玉

埼玉県立川の博物館

川と人々の暮らしのつながりを学ぶ

埼玉県では、１９８３年から5年をかけて「埼玉の母なる川」といわれる荒川の総合調査が行われた。その膨大な資料を一堂に集め、広く公開する博物館をつくりたいとの声が上がり、10年余りの準備期間を経て、１９９７年に開館したのが「川の博物館」だ。常設展示では荒川の源流から下流までを大型ジオラマで再現して、実際に水を流し、鉄砲堰、船車、荷船などの模型も設置。実際に乗ったり動かしたり、展示資料に自由に触れることができる。別のブースでは荒川にちなむ信仰、水の浄化などのテーマ展示や水の性質を体感できるワークショップも行われる。また、荒川やライン川などをスリリングに下る疑似体験ができるシアターや、治水、利水の学習ができるウォーターアスレチック施設など「楽しみながら学べる体験型博物館」として人気を博している。

見どころ

日本一が三つある！大型展示に注目

鉄砲堰、船車、荷船などの大型復元模型も

本館の第一展示室は「荒川と人々のくらしとの関わり」をメインテーマにした常設展示。南側壁面には大型パノラマスクリーンがあり、荒川の自然や、川と生きる人々の生活を紹介する映像の上映や、鉄砲堰実演、荷船の解説、船車の解説などのイベントが毎日行われる

開館と合わせて作られた木造の「大水車」。2017年から改修工事が行われ、2019年7月に直径24.2mの日本一の大水車が完成した

荒川の源流（甲武信岳）から河口（東京湾）までの流れと本流沿いの地形を1000分の1に縮小して表現した日本一の大きさのパノラマ「荒川大模型173」

DATA

埼玉県立川の博物館

埼玉県大里郡寄居町小園39
TEL 048-581-7333
9:00～17:00（入館は30分前まで）
〈休〉月曜日（祝日の場合は開館）、年末年始
〈交〉東武東上線鉢形駅より徒歩20分
〈料〉一般410円、学生200円、
中学生以下無料
〈駐〉あり
〈予約〉不要

広大な敷地内では川を見る、感じる、知る、体感するといった様々な体験ができる

盆栽愛好家にはお馴染み、「昌國（MASAKUNI）」による博物館

埼玉

昌《まさ》國《くに》利《り》器《き》工匠具博物館

人類最初の道具、「刃物」の重要性を知る

日本初の盆栽専用鋏を作った刃物メーカー「株式会社昌國」の初代・川澄昌國さん。初代の跡を継いだ二代目・昌國さんは、二代に渡る鋏に関する研究が評価され、１９９４年に黄綬褒章を受章する。同年、先人達や現代の匠の作品を後世に伝えようと「昌國利器工匠具刃物博物館」を開館した。館内では、インドネシアの儀式で使用される刃物や、安土桃山時代の釘・鎹《かすがい》などを展示しており、約３４５５点の刃物製品に圧倒される。

日本のみならず海外でも盆栽愛好家が増加している中、壁一面に展示された特製の盆栽手入用具は目玉のひとつだ。日本初の盆栽専用鋏や、二代目が開発した又枝切鋏まで、昭和初期から愛され続ける盆栽手入れ用具の数々は必見。展示作品それぞれの用途を知り、刃物が日々の生活の中でいかに必要不可欠な物か、再認識できる。

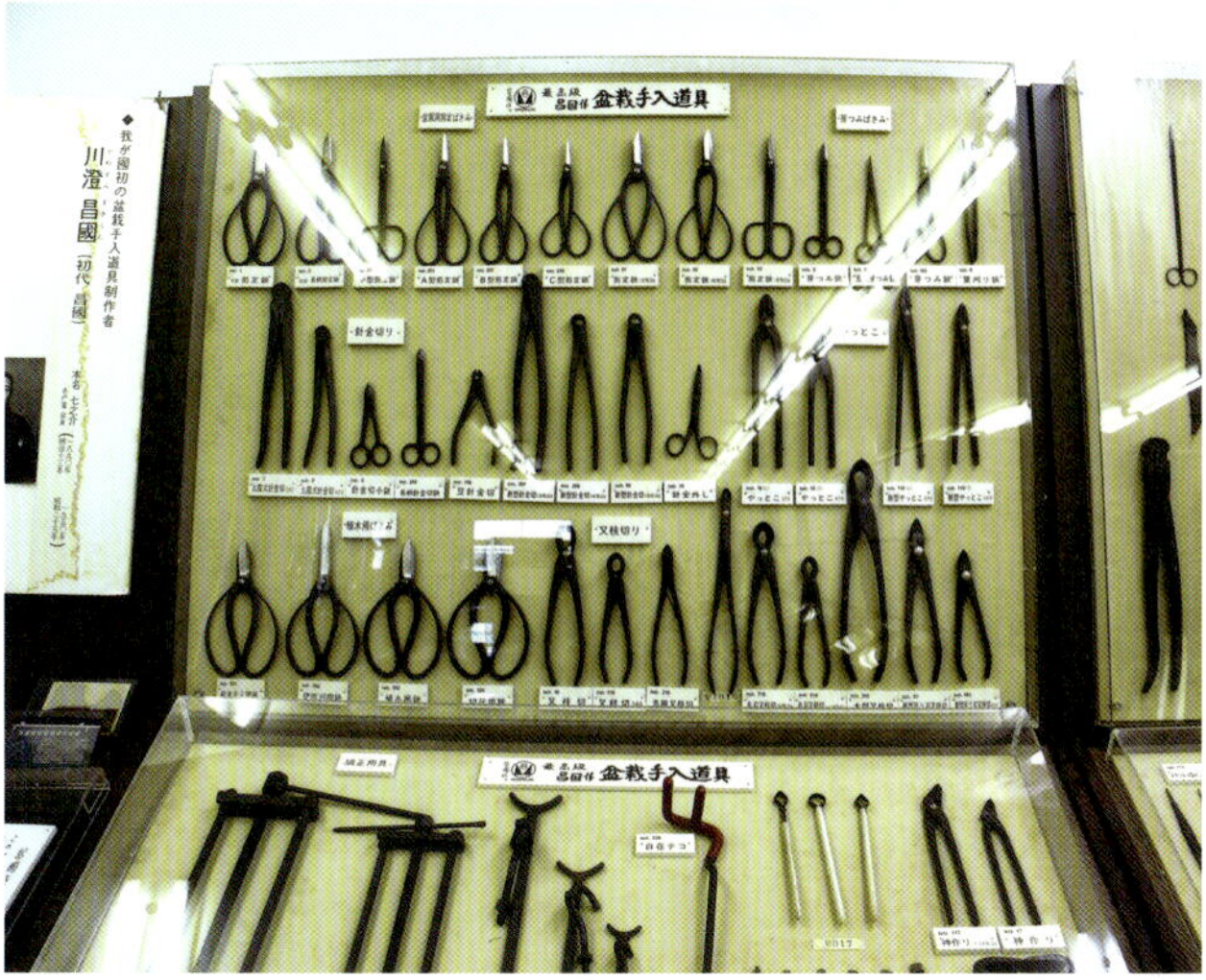

見どころ

100年以上愛される盆栽用剪定鋏

美しいシルエットにも注目！

昌國特製の盆栽手入れ用具が並ぶ。切れ味もさることながら、そのシルエットの美しさも特長。愛好家は見るだけで昌國の製品だと分かるという。「国際交流基金」が主催する海外巡回展「Japanese Design Today 100（現代日本デザイン100選）」に選ばれた剪定鋏も必見だ

右側が昔懐かしい鋳物で作られた「ベーゴマ」。鋳物の街として知られる埼玉県川口市にある日三鋳造所（にっさんちゅうぞうしょ）が製造したものだ。左側にあるのは川口で製造された、鋳物の「鯛焼き器」。ハンドル部分は昌國製

館内では三代目・昌國館長が開館の経緯から展示物の詳細まで丁寧に解説。説明してもらう中で、その重要性に驚かされる展示品が多数あるのでぜひ、実際に足を運んでみよう

DATA

昌國利器工匠具刃物博物館

埼玉県川口市朝日1-5-26
TEL　048-222-2641
9:00〜16:00
〈休〉土曜日、日曜日、祝日
〈交〉埼玉高速鉄道川口元郷駅から
　　徒歩約10分
〈料〉無料　〈駐〉あり　〈予約〉不要（団体・説明を受けたい方のみ必要）

世界各国の刃物から、約254冊の関連書籍、紹介された新聞記事の切り抜きまで見どころは沢山。隅々まで楽しもう

見応え十分
世界にもファンがいる
石の博物館

埼玉

秩父珍石館

様々な表情を見せる石を観察しよう

「秩父珍石館」は、初代館長の羽山正二が集めた化石、水石《すいせき》や人面石のコレクションを展示するために一九九〇年に開館した。その名の通り、館内に展示されているのは、自然が作り出した一風変わった様々な石。荒川や秩父の武甲山で見つけたものから、海外で見つけたものまで、展示していない石も含めると一〇〇〇点以上を所蔵している。その中でもファンが多いのは「人面石」だ。人面石だけで七〇〇点以上が所蔵されており、その形や表情は様々。展示されている人面石のほぼ全てに「研ナオコ」「猪木」「きんさん」「ぎんさん」といった、芸能人やアニメのキャラクターなどの名前がつけられている。海外のメディアも度々取材に訪れ、埼玉の隠れ観光スポットとして、外国人もよく訪れるという。ぜひ自然が生み出した様々な石を、じっくりと観察してみよう。

見どころ

様々な表情の人面石

石に名前を付けることができる！

日本中で愛された長寿の双子の姉妹「きんさん」「ぎんさん」の名がつけられた石。石であること忘れそうになるほど、人間味ある、柔らかな表情だ。館内の人面石の名前のほとんどは来館者がつけたもの

記念すべき第一号の人面石。神童（かみのわらべ）と名付けられ、人面石が多数展示されている中でも一際異彩を放っている。目と口の部分は二枚貝の化石。この石との出合いから、人面石を収集するようになったという

その風貌から「亀甲石」と名付けれた、海で出来たとても珍しい石。主に、鑑賞石やアクアリウムのレイアウトなどに用いられる。海底の泥灰石により形成されたものといわれており、亀の化石ではない

DATA

秩父珍石館

埼玉県秩父市上影森764-6
TEL 0494-24-7288
10:00～17:00
〈休〉火曜日、年末年始
〈交〉西武秩父駅より車で8分、
　秩父鉄道影森駅より徒歩16分
〈料〉中学生以上500円、小学生200円、
　未就学児無料
〈駐〉あり　〈予約〉不要

珍石館入口。700個の顔に迎えられるので、思わず挨拶をしてしまいそう。自分のお気に入りの人面石を見つけてみよう

町田忍の博物館レポート

川口市立文化財センター「郷土資料館」

ベーゴマずらり 500 点

埼玉県川口市はかつて鋳物の町として知られていました。ベーゴマ専門メーカーがベーゴマ資料館を運営していましたが、工場が移転したため、その資料が市の郷土資料館に引き取られて館の一画で展示されています。都内や神戸など様々な人から寄贈を受けたベーゴマも合わせ、総数は500個！僕も子どもの頃にベーゴマでよく遊んだから懐しいですね。

体験コーナーで実際に遊べるので楽しいですよ。ベーゴマを回す台や加工道具も常備されています。土日祝日にはミニ大会も開催され、小中学生で賑わっているようです。

ベーゴマって削ったり尖らせたりと、自分で改造して強くするのが面白いんですよ。取るか取られるか、そのスリルがたまらないんです。

関東だけでなく関西や九州からも来館者・問い合わせがあるという

鋳物展示室。館では鋳物のほかにも旧石器時代から近現代までの川口の歴史資料も展示

「こちらは鋳造して切り離す前のベーゴマ。川口の鋳物工場を見学した際にいただいた物です」（町田忍さん）

川口市立文化財センター
「郷土資料館」

埼玉県川口市鳩ヶ谷本町2-1-22
TEL 048-283-3552
9:30 ～ 16:30
〈休〉月曜日（祝日の場合は翌平日）、
年末年始
〈交〉埼玉高速鉄道鳩ヶ谷駅より徒歩10分
〈料〉一般100円、小中学生50円
〈駐〉あり 〈予約〉不要

町田さんが子どもの頃に遊んでいたベーゴマ。王冠をはめ込んで改造しているものも

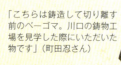

千葉

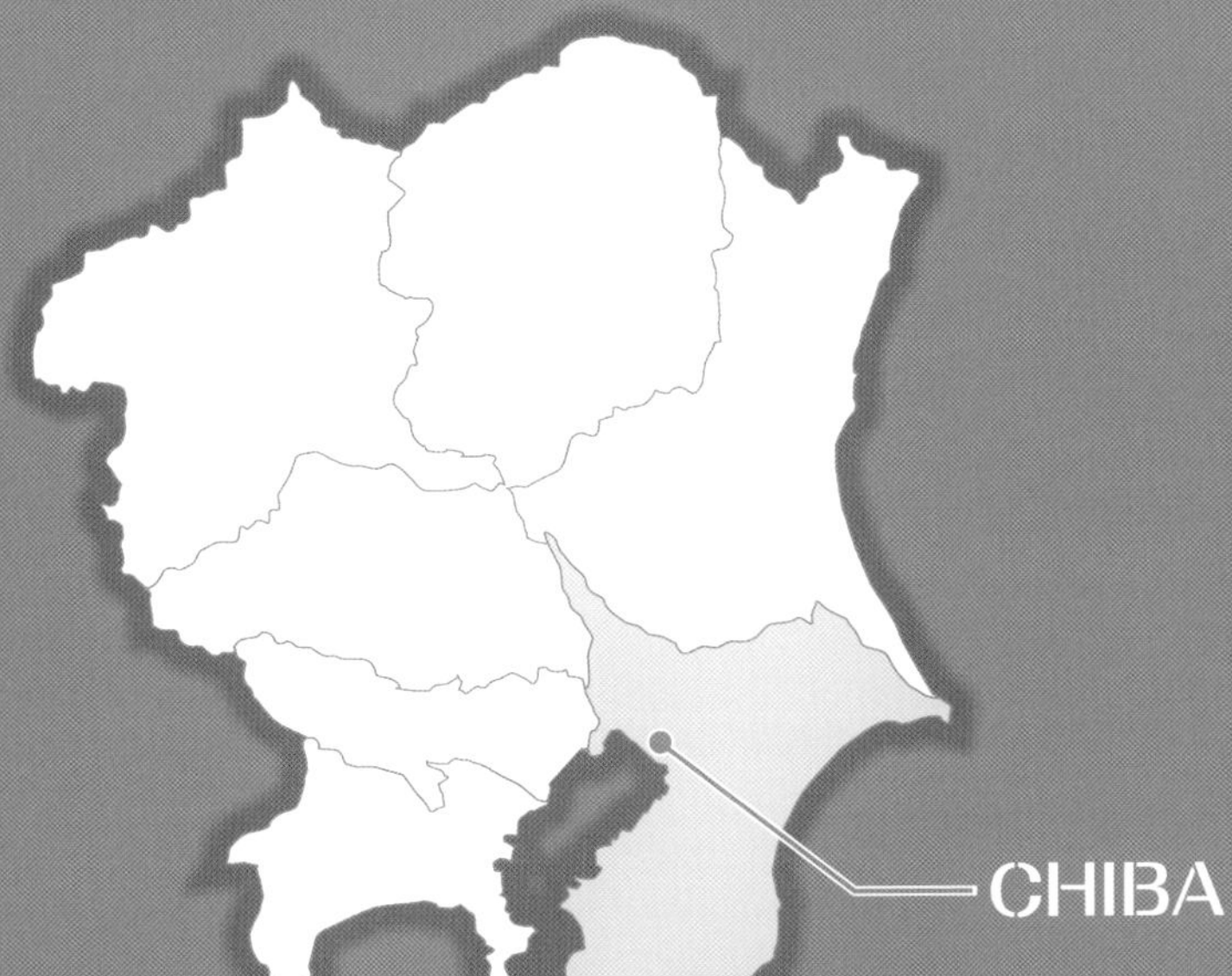

無数のかっぱの中から、お気に入りを見つけよう！

千葉

大内かっぱハウス／山口敏太郎の妖怪博物館

かっぱと妖怪のフシギが凝縮

元銚子市長の大内恭平氏が心惹かれた妖怪「かっぱ」にまつわる収集品を展示するため２０００年に開館したこちら。２０１７年にはオカルト作家・山口敏太郎氏のコレクションを展示する「山口敏太郎の妖怪博物館」も併設し、より展示内容も充実。現在は二代目館長にミュージシャン・相馬圭弐さん（銚子観光大使）が就任し、エンターテインメントと共に様々な〝不思議〟を発信している。

館内に足を踏み入れると、右を見ても左を見てもかっぱ尽くし。全国から収集された絵画や造形物、書籍など、実に約４千点のコレクションを所蔵しているのだとか。「可愛い、恐ろしい、セクシーなど、様々なイメージを持つ『かっぱ』や、山口敏太郎氏の怪しい世界観をぜひ堪能してください」と相馬館長は語る。

見どころ

様々な姿のかっぱが勢ぞろい

ツチノコ、雷獣、様々な妖怪も

大内恭平氏のかっぱに対する熱い想いが伝わってくる館内。1階メインホールの壁面を飾る掛け軸や色紙には、銚子市ゆかりの日本画家・小川芋銭（うせん）や、かっぱのイラストでも清水崑・小島功といった大家が描いたものも。様々な姿で描かれたかっぱが、日本人にとって身近な妖怪であることを教えてくれる

オカルト作家・山口敏太郎氏の妖怪コレクションが並ぶ一角。かっぱのミイラや雷獣のミイラ、ツチノコの干し首、「海で捕獲された未確認生物」といわれるジェニー・ハニバーなど、日頃出会うことのない不思議な生物も見ることができる

階段から見上げた天井と壁面もかっぱ尽くし。1階・2階のフロアだけでなく階段にもかっぱが溢れている、徹底した世界観が根強いファンを獲得している理由なのかも

DATA

大内かっぱハウス/山口敏太郎の妖怪博物館

千葉県銚子市中央町6-25
TEL 0479-21-9850
10:00~17:00
〈休〉平日、臨時休館日
〈交〉JR総武本線銚子駅より徒歩12分
〈料〉無料　〈駐〉なし　〈予約〉不要

銚子漁港第一卸売市場近くに建つ「大内かっぱハウス」は、銚子の観光名所の一つにも挙げられるという。2003年から閉館していたが、ファンの熱烈なリクエストを受け、2017年に再開館。TシャツやCDなどのグッズをお土産に買って帰る人も多いそう

DX化が進む建設現場の、最新技術にも触れられる

千葉

建設技術展示館

建設技術のスゴさを体感できる

私達の暮らしを支える建設技術や防災に関する情報を「見て！触れて！知る（学べる）」体験型施設として、１９９９年に開設されたのがこちらだ。見どころは何といっても最新の建設技術に楽しみながら触れられるところ。80を超える技術展示のほか、屋内のＤＸパークでは、建設現場で活用されているレーザースキャナーを使った３次元点群データの取得体験や、ドローンによる集合写真撮影なども可能。他方、屋外には災害対策車両や水陸両用ブルドーザー、地震で被災した橋脚の一部などが展示されている他、バリアフリーの重要性を学べる車椅子や白杖体験も。

地震や台風などの災害から人々を守るだけでなく、日常の様々な場面で安全・快適な暮らしを支えている建設技術。その目覚ましい進歩と重要性を体感しに、家族で訪れても楽しめるだろう。

見どころ

災害対策車両の実物を展示

身の回りの建設技術を知るきっかけに

周囲の地形にレーザーを照射して測量することで、対象物の空間位置情報を取得。そのデジタル点群データを基に、三次元に立体化した地形データを画面上に再現する技術がレーザースキャナーだ。離れた安全な位置から地形の起伏や詳細な情報を知ることができる最新技術を、DXパークで体験できる

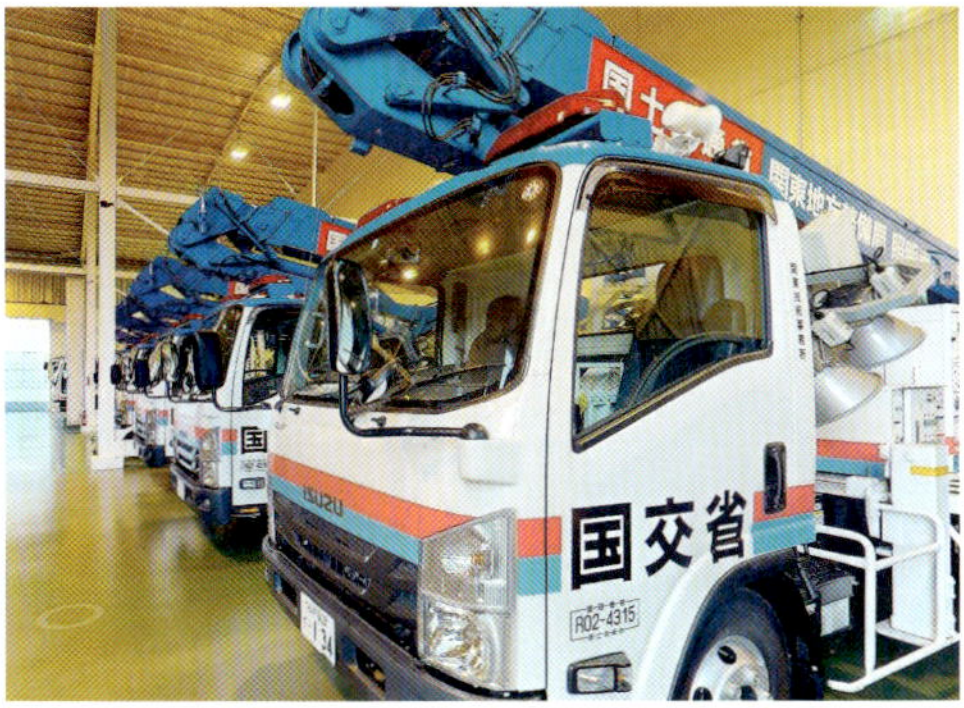

日頃目にする機会の少ない、災害対策車両十数台が並ぶ様子は圧巻。中にはドラマで使用されたものもあるのでぜひ探してみよう。いつでも出動できるよう万全の状態に保たれており、本物が持つリアリティや迫力を実感することができる

館内の「技術展示エリア」では、防災・減災、インフラの長寿化やDX、脱炭素化など、持続可能な社会の実現の為の様々な建設技術が、パネルや映像、実物や模型などを用いて説明されている

DATA

建設技術展示館

千葉県松戸市五香西6-12-1
TEL 047-394-6471
10:00~16:00
〈休〉土曜日、日曜日、月曜日、年末年始
〈交〉JR新八柱駅または新京成電鉄八柱駅からバス「建設技術展示館」下車徒歩2分
〈料〉無料　〈駐〉あり
〈予約〉不要（施設案内や体験は要予約）

こちらは1968年に開発された、日本で初めての遠隔操作が可能な「水陸両用ブルドーザー」。最大4mの水深でも無線によって操作ができ、建設現場での効率性・安全性を高めることとなった。また、同じく屋外にはトンネル工事の「泥水式シールド工法」で用いられる直径3mのシールドマシンの実物大モデルも

「より多くの命を救えるように」。医療機器の進化を辿ろう

千葉

印西市立 印旛医科器械歴史資料館

医学と医療機器の進化を実感

国産第一号の陽圧閉鎖循環麻酔器や人工心肺装置、人工腎臓装置、人工心臓弁などの開発に成功した「泉工医科工業株式会社」創業者・青木利三郎氏により１９７５年に開館し１９９５年に現在地へ。青木氏が日本全国を巡って収集した戦前・戦後に用いられた医療機器をはじめ、歴史的価値の高い医療機器が展示されている。

世界で初めて全身麻酔を用いた外科手術を成功させた華岡青洲の外科器具や、大正時代に造られた国産初の顕微鏡、昭和初期、陸軍野戦病院で使用された移動式消毒器、戦後に開発された国産の麻酔器や人工心肺装置など、医学・医療機器の進化の歴史を展示で辿っているよう。収蔵する医療機器は１０００点に及び、歯科・眼科・耳鼻咽喉科・形成外科・皮膚科・産婦人科・放射線科など多岐にわたっている。

見どころ

大型の医療機械がずらり

貴重な江戸時代の外科器具も展示

右は1924年頃に製造された野戦用の蒸気消毒車。衛生環境の劣悪な戦場で、戦死者を削減することに貢献した。左は1968年頃製造の可搬型高圧酸素治療器。高圧タンクの中に患者を入れ、血中の酸素量を増やす機器で、昭和39年代に起こった炭鉱事故で成果を発揮。その2年後には大型高気圧酸素手術室が完成する

館内に10部屋ある展示室のうち、こちらは古い医療器具を展示している一角。世界で初めて全身麻酔下で乳がんの手術に成功した華岡青洲の外科器具（レプリカ）は、江戸時代後期（1804年頃）の医療に思いを馳せるきっかけとなるだろう

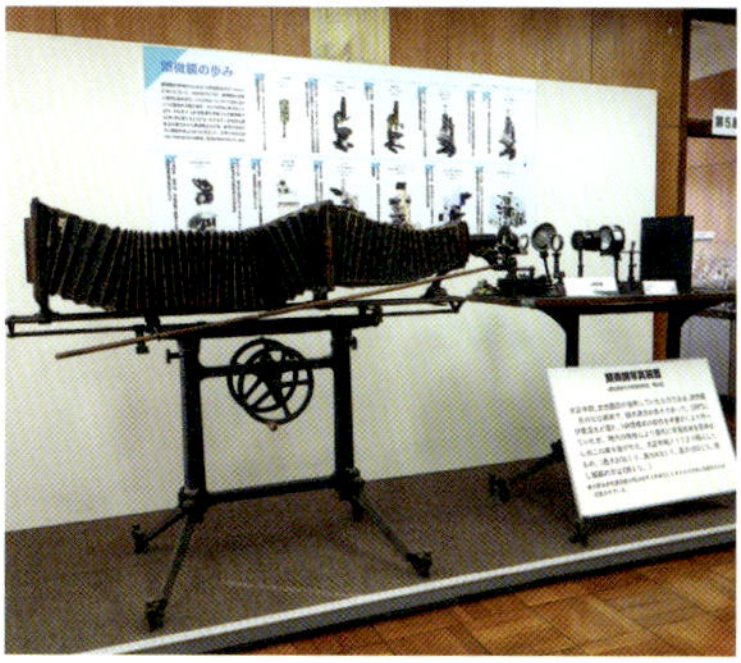

顕微鏡を用いた病理標本の制作は手書きで行われていたが、その状況を一変させたのが大正中期にドイツより輸入された「顕微鏡写真装置」。長さは3m以上に及び、向かって左側から覗いて撮影する

DATA

印西市立
印旛医科器械歴史資料館

千葉県印西市舞姫1-1-1
TEL 0476-98-1390
10:00～16:00
〈休〉火曜日、木曜日、土曜日、
日曜日、年末年始
〈交〉北総線印旛日本医大駅より徒歩3分
〈料〉無料 〈駐〉あり 〈予約〉不要

1930年頃、英国製を改良して誕生した木製の車いす。その向こうには、日清戦争の際に医療器具を持ち運んだ革製の箱「医极（いきゅう）」などが並んでいる

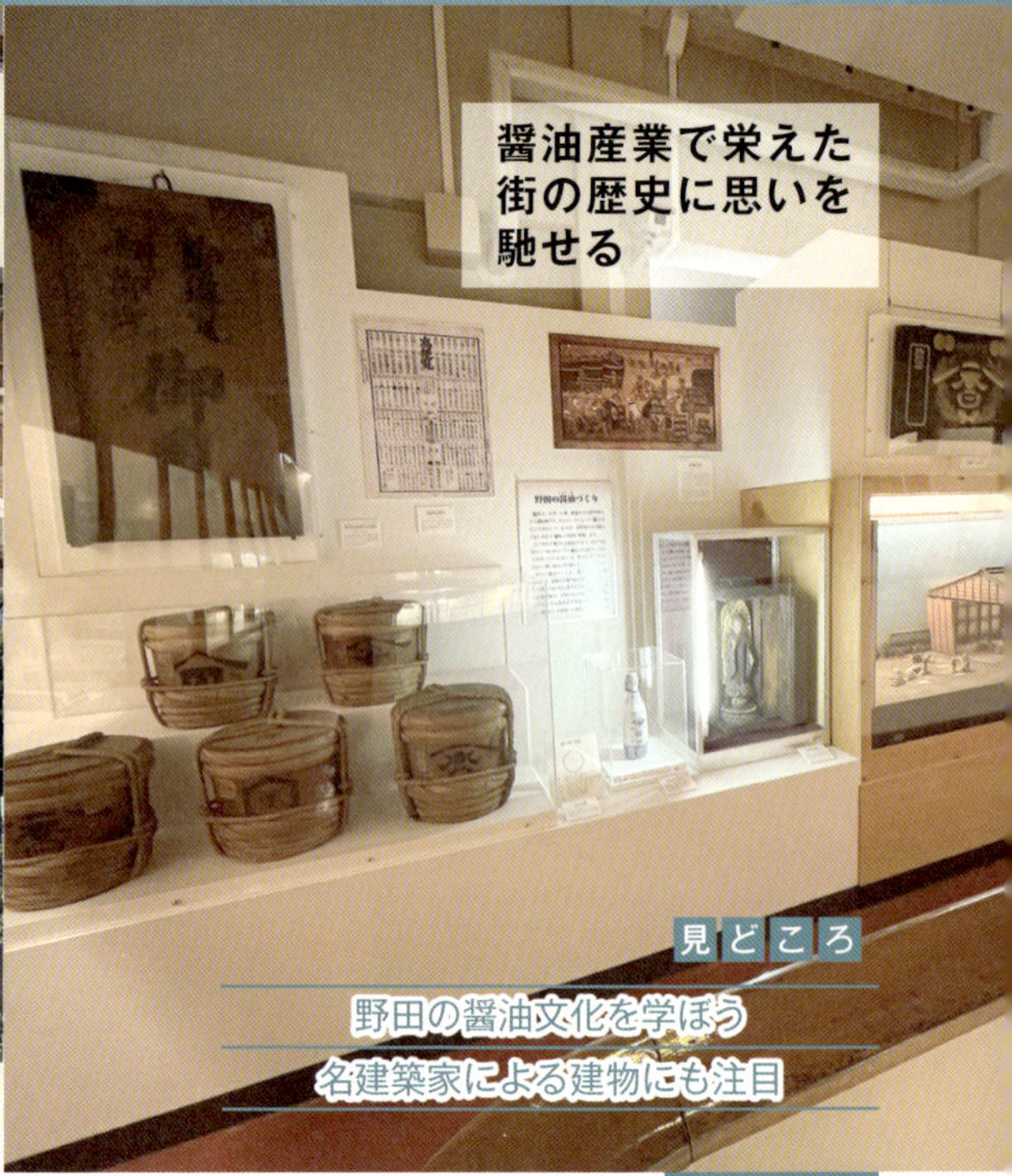

醤油産業で栄えた街の歴史に思いを馳せる

見どころ

野田の醤油文化を学ぼう
名建築家による建物にも注目

左上・右／醤油造りに欠かせない道具がずらり　左下／建物を設計した山田守は数々の受賞歴を持つ

千葉

野田市郷土博物館

稀少な醤油関連の資料が充実

　1959年に開館した「野田市郷土博物館」は、千葉県で最初の登録博物館。国内有数の醤油関連資料を所蔵・公開しており、「御本丸西御丸御用額」（江戸時代）や押絵扁額「野田醤油醸造之図」（四代勝文斎作、明治時代）など、稀少なコレクションも数多い。ここに来れば、野田の醤油産業をより深く知ることができるだろう。建物は日本武道館・京都タワーなども手掛けた山田守の設計で、2021年に国登録有形文化財となっている。

敷地内の野田市市民会館は醤油醸造家・茂木佐平治家の旧邸宅で、見学も可能

DATA

野田市郷土博物館

千葉県野田市野田370-8
TEL 04-7124-6851
9:00〜17:00
〈休〉火曜日（祝日の場合は開館）、年末年始、展示替え期間中
〈交〉東武アーバンパークライン野田市駅・愛宕駅下車 徒歩8分
〈料〉無料　〈駐〉あり　〈予約〉不要

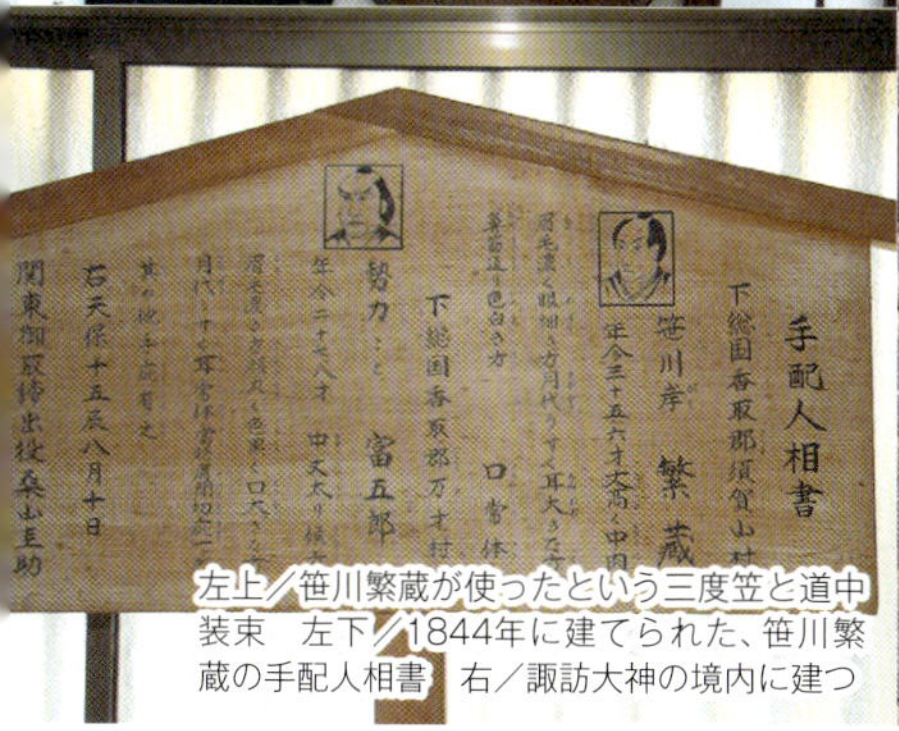

左上／笹川繁蔵が使ったという三度笠と道中装束　左下／1844年に建てられた、笹川繁蔵の手配人相書　右／諏訪大神の境内に建つ

今も名作として受け継がれる、侠客の物語に触れる

見どころ

歴史ファン必見！江戸時代の旅装束

名作『天保水滸伝』に親しめる

千葉

天保水《すい》滸《こ》伝《でん》遺品館

江戸っ子を熱くした、侠客《きょうかく》の生き様

中国全土から集った好漢が活躍する『水滸伝』になぞらえて、江戸時代後期、利根川下流域を縄張りとした侠客・笹川繁蔵一家と飯岡助五郎一家の争いを基に創作されたのが『天保水滸伝』だ。浪曲、講談、映画などの題材とされ、現代まで親しまれている。

そんな名作の舞台である東庄町に建つこちらでは、笹川繁蔵愛用のキセルや三度笠をはじめ、当時の侠客の風俗を物語る遺品や古文書などを展示している。

遺品館から徒歩5分ほど、笹川繁蔵の墓所も合わせて訪れたい

DATA

天保水滸伝遺品館

千葉県香取郡東庄町笹川い580-1
TEL 080-8757-4750（観光ガイドの会）
10:00~12:00　13:00~15:00
〈休〉月曜日、木曜日、年末年始
〈交〉JR成田線笹川駅より徒歩5分
〈料〉200円　〈駐〉あり　〈予約〉必要

武家屋敷に商家・農家、まるで江戸時代にタイムスリップしたよう

千葉

千葉県立房総のむら

房総半島の今昔と伝統文化を体験

成田国際空港や成田山新勝寺からもアクセスの良いこちらは、１９８６年に参加体験型の博物館として開館。２００４年には「千葉県立房総風土記の丘」と統合し、房総の伝統的な暮らしや技術の体験、県内各地から出土した考古遺物の展示などを通じて、房総の歴史を身近に感じられる博物館として生まれ変わった。

東京ドームの約18倍の広大な敷地は、かつての商家や農家、武家屋敷などを再現した「ふるさとの技体験エリア」と、古墳群や里山の自然を見ることができる「歴史と自然を学ぶ風土記の丘エリア」で構成されている。特筆すべきは、充実した各種体験メニューで、その数年間４００種類に及ぶ。中でも、「醤油作り」体験は、江戸の食文化を支えた房総の醤油文化を肌で体験できるだろう。

見どころ

年間400種類以上の体験が充実

町並みをそぞろ歩くだけでも楽しい

醤油作りの体験風景。煮た大豆と炒った小麦、醤油麹を混ぜ合わせる「麹作り」と「仕込み・醤油のすくい取り」の2回に分けて開催される。お土産に昨年仕込んで熟成させた醤油1ℓを持ち帰れるのも嬉しい。この他にも、張り子の絵付けや組紐作りから米作り、野菜の収穫体験まで、様々な体験を用意

こちらは江戸時代の和紙店を再現した「平群屋」（へぐりや）で行われている紙漉き体験の様子。房総のむらの敷地内で育てられた楮（こうぞ）を原料に、昔ながらの技を学ぶことができる。完成した和紙は思い出に持ち帰ろう

県の指定文化財に指定されている「旧平野家住宅」は代々農業を営んできた旧家の建物を移築したもの。安房地方独特の古民家の特徴を見られる、築200年を超える稀少な建物で、見学ツアーも開催

DATA

千葉県立房総のむら

千葉県印旛郡栄町龍角寺1028
TEL 0476-95-3333
9:00~16:30
〈休〉月曜日（祝日の場合は翌日）、年末年始、臨時休館日
〈交〉JR成田線安食駅からバス「房総のむら」下車徒歩3分
〈料〉一般300円　高・大学生150円
〈駐〉あり　〈予約〉体験によっては要予約

明治時代中期頃に上総地方で考案された井戸掘りの工法で、国の重要無形民俗文化財にも指定されている「上総掘り」。軽量で安価な竹ひごを接ぐことで地表から数百mの深さまで掘削することを可能にした上総掘りの設備も見逃せないスポットだ

空へのロマンを
かき立てられる、
航空機を間近で見学

千葉

航空科学博物館

航空科学の奥深い世界へテイクオフ

１９８９年、〝日本で最初の航空専門の博物館〟として成田空港に隣接誕生した航空科学博物館。３階・５階の展望台や展望室から眺める〝絶景〟は航空ファンはもちろんのこと、ファンでなくても巨大な機体が飛び立っていく姿を見れば心弾むだろう。

展示の目玉といえるのが、戦後初の国産旅客機となる「YS-11」の試作1号機（左上写真）をはじめ、様々な機体の実機の数々。他にもプロペラ機やヘリコプター等、１９５０年〜８０年代に製造された約20機が屋外展示場に並んでいる。

館内には飛行機が空を飛ぶメカニズムについて学べる展示室があり、ボーイング７４７の大型模型やパーツが展示された吹き抜けフロアとなっている。操縦体験や搭乗体験（各体験ともに有料・要整理券）は大人から子どもまで人気だ。

見どころ

実機が並ぶ屋外展示は迫力満点

「気分はパイロット！」な操縦体験

「一般社団法人日本航空宇宙学会」により2024年、航空宇宙技術遺産に認定されたYS-11型旅客機は戦後の国産旅客機の原点でもあり、当時の航空技術を結集したさせた傑作機であった。こちらに展示している試作1号機は、“原点の原点”ともいえる存在。日本の航空史を語る上で非常に重要な機体だ

操縦体験コーナーにはパイロットの訓練用と同型のものも。リアルな映像を駆使したシミュレーターは、コックピットの緊張感まで体感できる。その他、自身の顔写真を合成してパイロットなどの制服姿を撮影できるコーナーも

こちらは「DC-8」パイロット訓練用シミュレーターを改修した搭乗体験コーナー。本物と見間違えてしまいそうな機内に搭乗し、リアルなフライト体験を楽しもう！

DATA

航空科学博物館

千葉県山武郡芝山町岩山111-3
TEL 0479-78-0557
10:00~17:00（入館は30分前まで）
〈休〉月曜日（祝日の場合は翌平日）、年末12/29~12/31
〈交〉JR成田線・京成線空港第２ビル駅より路線バス約15分
〈料〉大人700円　中高生300円　小人（4歳以上）200円
〈駐〉あり　〈予約〉不要

円形の建物は視界が広く、空港から発着する飛行機のエンジン音まで間近に感じられる。展望レストランで食事を楽しむのもおすすめだ

「鳥はなぜ飛べるの？」そんな疑問も解決してくれる

千葉

我孫子市鳥の博物館

鳥のフシギをぎゅっと凝縮

古くから景勝地として知られ、志賀直哉、川瀬巴《は》水《すい》らをはじめとする文人墨客からも愛された手賀沼。そのすぐ近くに建つこちらは、「人と鳥の共存を目指して」を掲げ、１９９０年に開館。野鳥や自然環境についての情報を伝えている。

約３００種類の世界の鳥類や、その生態について深く知ることができるコーナー、鳥の起源やその進化の過程を見ることができるコーナーなど、「そもそも鳥とは何なのか」という基本的な疑問に答えてくれる展示が充実している。街で日頃何気なく眺めている鳥が飛翔する仕組みや、その種類の豊富さに改めて驚かされるだろう。

館内には、我孫子市のシンボルでもある鳥「オオバン」と共に手賀沼の四季を再現したジオラマのコーナーも。こちらを訪れた後は手賀沼の畔をゆっくりと散策するのもおすすめだ。

見どころ

じっくり眺めたい、色とりどりの鳥の標本

始祖鳥の化石の復元展示は必見！

鳥の進化の歴史や飛翔の仕組みなど、「鳥とは何か？」を学べるのが、3階の「鳥の起源と進化」のコーナー。鳥類誕生の鍵を握るとされる始祖鳥や、恐竜の絶滅後に地上に生息していた高さ2mを超えるディアトリマの復元模型はぜひ見てほしい。この他絶滅鳥エピオルニスの実物の卵や、ドードーの復元模型などの貴重な展示を見ながら鳥類が歩んできた1億年の歴史に思いを馳せよう

我孫子市をはじめ、複数の市にまたがって広がる手賀沼は、水害と干拓の歴史を経て、現在は多くの人々を癒す、憩いの地となっている。館内2階の「手賀沼の自然と鳥たち」のコーナーでは、そんな手賀沼に息づく鳥たちと人間の共存について学べる

館内3階の「世界の鳥」コーナーには、世界最大の鳥といわれるダチョウからスズメの仲間まで、26目・157科・268点に及ぶ標本を展示している。ちなみに右ページの写真はキジとカモの仲間達だ

DATA

我孫子市鳥の博物館

千葉県我孫子市高野山234-3
TEL 04-7185-2212
9:30～16:30（入館は30分前まで）
〈休〉月曜日（祝日の場合は翌平日）、年末年始、館内整理日
〈交〉JR常磐線我孫子駅よりバス「市役所前」下車徒歩5分
〈料〉一般300円　高校・大学生200円（学生証をご提示ください）
〈駐〉あり　〈予約〉不要

三角形の窓が印象的な「我孫子市鳥の博物館」。同じく我孫子市内にある「白樺文学館」「杉村楚人冠記念館」との3館共通券も販売している（一般500円）

クラッシックカーや
オート三輪、ゴジラまで
昭和の世界に浸る

千葉

昭和の杜博物館

古くて新しい、昭和の世界にワープ!

戦後の焼け野原から高度経済成長期を迎え、日本人の生活が豊かに、便利になった昭和時代。エネルギーに溢れたこの時代は、昨今のレトロブームもあり再び注目を集めている。「昭和の時代を経験した人には懐かしさと共に、平成時代以降の若い世代の人には驚きや新鮮さと共に楽しんでほしい」との思いから運営しているのが、こちら「昭和の杜博物館」だ。

館内に所狭しと展示されているのは、現館長の吉岡光一さんの父・光夫さんが、約20年をかけて収集してきた今となっては稀少な品々。「大人世代の方々に昔を思い出してもらうだけでなく、昭和を知らない若い人たちにも、いつの時代も変わらない物を大切にすることや自然が身近にある暮らしの豊かさを感じていただけたら」と吉岡館長。

見どころ

車、バイク、飛行機、大型展示も充実

懐かしのおもちゃに顔がほころぶ

約750坪の敷地内に昭和の世界が凝縮された昭和の杜博物館。「クラシックカー館」には「1928年式フォード」や「1973年 式BMWターボ」、「1962年ポルシェ356クーペ」、「1970年式すばる360」、「日産スカイラインGT-R」、「1969年式ダイハツオート三輪」など、美しい旧車が並ぶ

こちらは懐かしのおもちゃが集まったコーナー。キューピー人形や仮面ライダー・機動戦士ガンダムのフィギュアや、プラレール、なつかしのブリキのおもちゃまで、昭和に青春時代を過ごした人にとっては感涙もののコレクションに出合えるだろう

銚子電鉄や流山電鉄で実際に使われていた鉄道車両のほか、軍用トラック「シボレーM6」やセスナ機、スペースシャトル（イベント用に製作されたもの）といったあっと驚く展示も

DATA

昭和の杜博物館

千葉県松戸市紙敷1377
TEL 047-369-7870
10:00~16:00（入館は1時間前まで）
〈休〉第1・3日曜日のみ開館
〈交〉JR東松戸駅より徒歩20分
〈料〉300円、高校生以下無料
〈駐〉あり　〈予約〉不要

博物館入り口。一見雑多に思える展示物も、その全てが昭和のものづくりのエネルギーと活気が詰まったもの。レトロな世界を楽しむもよし、当時を懐かしむもよし。十人十色の楽しみが見つけられるだろう

三世代が一緒に楽しめる多種多様なそろばん

千葉

白井そろばん博物館

館長はそろばんの伝道師!!

かつては子どもの習い事の代表格であったそろばん。小学生の頃、そろばん教室に通っていたという方も多いのでは？現在では最盛期の一割以下まで減少しているというそろばん教室だが、単なる計算道具ではなく、判断力や集中力、記憶力などを自然と養える優れた道具として、世界の珠算人口は年々増加中だという。

ここ「白井そろばん博物館」はかつてそろばんを習っていた人も、初めて触れる人も楽しめる博物館。館長の石戸謙一さんは現在6千人を超える生徒が通う「石戸珠算学園」の創業者であり、全国珠算連盟理事長も務める。「ご家族で来館される方が多く、嬉しいことに皆さん楽しんでお帰り頂いています」と石戸さん。そろばんのことで気になることがあれば、石戸さんに気軽に相談してみよう。

見どころ

色々なそろばんが勢ぞろい

イベントや休日講座も充実

市外からの来館者が9割というこちらは、イベントや講座も充実。4月の「春のそろばんフェスティバル」（約2000～3000人）や8月の「夏の博物館祭り」（約1000～2000人）の他に、「脳トレ計算ゲーム」「サンギで和算に挑戦」など、趣向を凝らした休日講座も一カ月に3～4回ほど開催。スケジュールはHPを参照しよう

館内には江戸時代に使われた古算盤から現代のそろばんまで約2000点のほか、書籍700点、関連資料・構築物100点など、古今の資料がずらり。カラフルな色遣いや玉の形の異なるものなど、そろばんの多様さに触れられる

中国、台湾、タイ、マレーシア、シンガポール、ロシア、ルーマニアなどなど、世界各国のそろばんを展示。日本と似ているもの、異なるもの、それぞれ見比べてみよう。「世界のそろばん」コーナーの隣には物販のスペースも

DATA

白井そろばん博物館

千葉県白井市復1459-12
TEL 047-492-8890
10:00～16:00（5月～9月は17:00）
〈休〉月曜日、火曜日
〈交〉北総線白井駅より徒歩25分
〈料〉大人300円　小学生～大学生200円
〈駐〉あり　〈予約〉不要

赤いポストと小さな二宮金次郎像が目印の「白井そろばん博物館」。一般財団法人全国珠算連盟の研究機関として2011年に開館。そろばん教育の振興と発展並びに社会貢献の一環として地域活動を積極的に推進している

まさに城主気分！
天守閣に登って
絶景を眺めよう

千葉

千葉県立関宿城博物館

激戦の舞台となった古城を博物館に

千葉県最北部、埼玉県・茨城県との県境にほど近い野田市関宿。利根川と江戸川の分流地点に建つ関宿城は戦国時代、関東の中心部に位置する最重要拠点であった。「この地を抑える事は、一国を手にする事に等しい」とまで言われ、上杉謙信、北条氏康など歴戦の戦国大名もこの城をめぐって激戦を繰り広げた。

千葉県立関宿城博物館は１９９５年に開館。見どころの一つは何と言っても、その堂々たる外観だろう。建物のうち天守閣部分は、かつての関宿城の姿を史料に基づいて再現したもの。関東平野のほぼ中央に位置しているため、最上階の展望室からの眺めは圧巻。眼下を流れる利根川・江戸川の流れはもちろん、晴れた日には富士山や筑波山、日光連山など、関東平野を取り巻く山並みを遠望することができる。

見どころ

関東平野を一望する絶景

河川の改修や水運の歴史も学べる

利根川水運の中継地である野田市関宿はかつて、多くの高瀬船や通運丸が日々往来し賑わいを見せた。高瀬船の大型模型が展示された「河川交通と伝統産業」のコーナーでは、河岸問屋と醤油蔵も再現。近世から近現代にかけての利根川水運の推移や、河岸の発展が育んだ様々な文化について紹介している

関宿藩は関東地方支配の要として、徳川家康の異父弟である松平康元を藩祖とし、その後も幕府の要職にある譜代大名が配置された。館内では、そんな関宿藩のあゆみや関宿城の普請・解体に関する貴重な資料も展示している

こちらは近世の関宿城下を再現した模型。川の流れを利用し、さらに何重もの水濠が城を取り囲む、堅牢な城であったことが分かる。当時の姿を想い浮かべながら、博物館の周辺を散策してみては

DATA

千葉県立関宿城博物館

千葉県野田市関宿三軒家143-4
TEL 04-7196-1400
9:00 ～ 16:30（入館は30分前まで）
〈休〉月曜日（祝日の場合は翌日）、年末年始、臨時休館日
〈交〉東武スカイツリーライン東武動物公園駅からバス「新町バス停」下車徒歩15分
〈料〉一般200円　高・大学生100円
〈駐〉あり　〈予約〉不要

江戸時代後期、江戸川の流頭部に「棒出し」と呼ばれる一対の堤防が築かれた。これにより江戸川に流入する水量を減少させることで、周辺の川の水量を一定にし、河川交通で重要な役割を果たした。こちらではジオラマで棒出しの仕組みを見ることができる

左上／復元竪穴住居　左下／古の歴史を伝える縄文土器　右／懐かしの家電にも注目

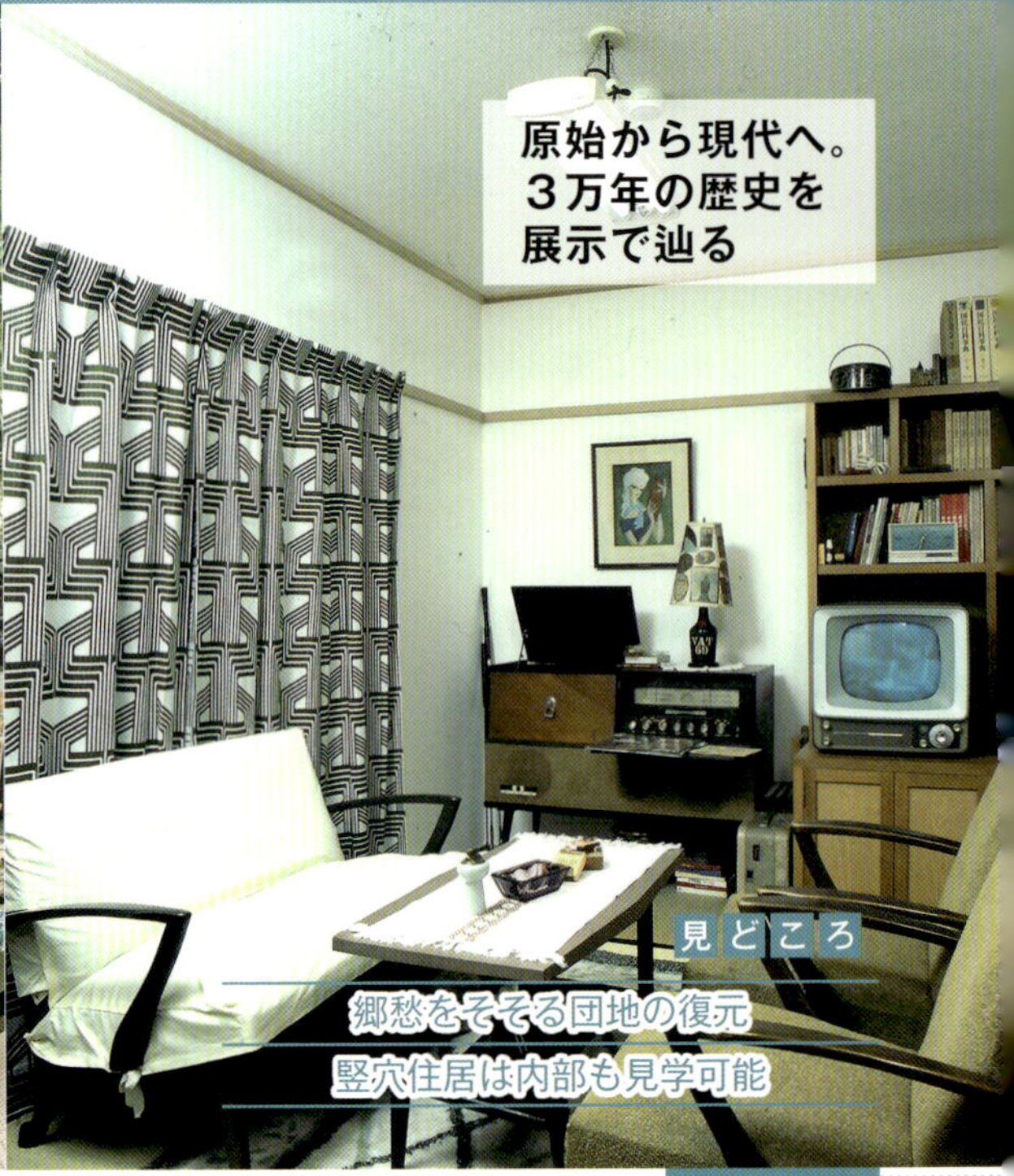

原始から現代へ。
3万年の歴史を
展示で辿る

見どころ

郷愁をそそる団地の復元
竪穴住居は内部も見学可能

千葉

松戸市立博物館

縄文から現代まで、暮らしの変遷を体感

郷土の過去の姿を正しく伝え、未来を展望することを目的に、原始・古代から現代にいたるまで松戸市周辺の歴史を展示しているこちら。貝の花貝塚からみる縄文人の生活や中世の東葛飾地域、人やモノが行き交った近世の松戸宿と松戸河岸など、3万年に及ぶ歴史と文化を7つのゾーンで紹介。中でも、細部までこだわって復元したという常盤平団地（昭和35年入居開始）の一室は、こちらを目当てに訪れる人もいるという人気の展示だ。

「二十一世紀の森と広場」内に建つ。館内を見学した後は園内の散策も楽しんでは？

DATA

松戸市立博物館

千葉県松戸市千駄堀671
TEL 047-384-8181
9:00 ～ 17:00（入館は30分前まで）
〈休〉月曜日（祝日の場合は翌日）、年末年始、燻蒸期間（6月中旬～下旬）、館内整理日（毎月第4金曜日）
〈交〉新京成線八柱駅・ＪＲ武蔵野線新八柱駅下車徒歩15分
〈料〉一般310円、高・大学生150円
〈駐〉あり　〈予約〉不要

優れた造形美と
遺存状態を誇る、
稀少な埴輪を堪能
見どころ
埴輪の愛らしい表情と造形美
親しみやすいマンガの解説も！

左／共に国の重要文化財。姫塚古墳出土埴輪群像（上）と殿塚古墳出土埴輪群像（下）右／表情や仕草も様々な埴輪が並ぶ第一展示室

千葉

芝山町立芝山古墳・はにわ博物館

貴重で愛らしい埴輪の姿に古代を想う

全国的にも数多くの古墳を有する千葉県で、500基以上の古墳があったとされる芝山町。こちらは「房総の古墳と埴輪」をテーマとして1988年に開館した。殿塚古墳・姫塚古墳出土の埴輪（国重要文化財）を中心に、芝山町周辺の古墳から出土した副葬品や埴輪のほか、土器・石器などを展示。また竪穴住居の復元模型やマンガによる展示解説を行うなど、子どもにもわかりやすく、楽しみながら学ぶことができる内容となっている。

博物館で紹介する姫塚古墳は、大形で精巧な人物埴輪が多数出土したこと全国的にも有名に

DATA

芝山町立芝山古墳・はにわ博物館

千葉県山武郡芝山町芝山438-1
TEL 0479-77-1828
9:00～16:30（入館は30分前まで）
〈休〉月曜日（祝日の場合は翌日）、祝日の翌日（土曜日の場合は開館）、年末年始
〈交〉JR総武本線松尾駅からバス「芝山仁王尊」下車徒歩10分
〈料〉大人200円　小人（小中学生）100円、65歳以上140円
〈駐〉あり　〈予約〉不要

日本の競馬界・獣医学のパイオニアとして、競馬ファンも訪れる

千葉

三里塚御料牧場記念館

皇族が愛した、華やかなりし御料牧場

明治時代より〝桜と馬の牧場〟として親しまれてきた「宮内庁下総御料牧場」。明治天皇はこの地で育成された御料馬に騎乗し乗馬を楽しんだ。御料牧場には数多くの皇族が訪れ、１９４９年に宮内府（宮内庁の前身）が、英国の代表部を招待して園遊会を開いてからは、在京外交団の招待が恒例の行事となり、閉場まで続いた

１９６９年、成田空港の建設に伴い栃木県塩谷郡に移転されることを受け、その跡地に開館したのがこちらの記念館だ。館内では、日本競馬界や畜産振興のパイオニアとしての功績、日本獣医学発祥の地としての歴史など、御料牧場の様々な側面を紹介。皇室ゆかりの資料のほか、緑深い三里塚の地を愛した水野葉舟《ようしゅう》の作品を中心に、高村光太郎、窪田空穂《うつぼ》といった文人の作品も展示している。

見どころ

御料牧場の歴史を総覧できる！

皇室ゆかりの資料も実物展示

「皇室と御料牧場」コーナーでは、宮内庁から払下げを受けた馬車（普通車4号）が堂々たる姿で来館者を迎えてくれる。このほか、酒井克巳元御料牧場長が使用した大礼服、大礼帽、帯剣をはじめ、明治天皇の行幸順路図、1953年に昭和天皇・皇后が訪れた際の写真など、皇室とのゆかりについて知ることができる

「青草に富み、樹林地に恵まれ、物資の輸送に便利な地」という三条件を満たして御料牧場の用地に選定された三里塚。この地では牧畜と農耕が行われ、馬・牛・綿羊などの飼育と乳製品の生産が行われた。館内には当時を伝える現物資料も多く、写真は6頭曳のダブルブレーキングプラウ

こちらは1971年9月、昭和天皇・皇后両陛下がヨーロッパ各国を歴訪した際、日本航空株式会社により搭乗機「DC-8-55」に合わせて特別に発注し、取り付けたもの。御食事用テーブルや座席、御寝室用ベッド、姿見、衣装室なども見ることができる

DATA

三里塚御料牧場記念館

千葉県成田市三里塚御料1-34
TEL 0476-35-0442
9:00～16:30
〈休〉月曜日（祝日の場合、翌日）、
12月29日～1月3日
〈交〉JR成田駅よりバス「三里塚御料」
下車徒歩6分
〈料〉無料　〈駐〉あり　〈予約〉不要

およそ1世紀に及ぶ御料牧場の歴史を伝えるこちら。敷地内には1875年築造の貴賓館も建つ。一帯は成田空港周辺でも有数の桜の名所として知られ、春には多くの花見客が訪れている

町田忍の博物館レポート

浦安市郷土博物館

浦安のテーマパークはココだ！

今はディズニーランドでのイメージがあるかもしれませんが、浦安はかつて漁業の町でした。こちらの博物館ではその頃の浦安の生活文化を知ることができます。私は銭湯建築を知る講座の講師として、フィールドワークの一環でこちらを訪れました。昭和27年頃の漁師町の街並みが再現されていて、一角に銭湯もあって、タイムスリップしたような気分になります。屋外展示の船着場には実際の水が引き込まれていて、なかなかリアルですよ。展示室には浦安の海で活躍した船や様々な民具が展示されています。

博物館のある一帯は「猫実《ねこざね》」というユニークな町名。レトロな街並みが残っています。そちらの散策も兼ねて博物館を訪れるのがおすすめです。

屋外展示場「浦安のまち」。４軒の移築文化財をはじめとした各民家が並ぶ

漁船に乗る体験もできる

展示室では浦安の海で活躍した木造船、櫓や櫂、エンジン、舟大工道具、漁撈用具などを展示している

浦安市郷土博物館

千葉県浦安市猫実1-2-7
TEL 047-305-4300
9:30 ~ 17:00
〈休〉月曜日（祝日の場合は翌日）、館内整理日、祝日の翌日、年末年始
〈交〉東京メトロ東西線浦安駅よりバス「健康センター・郷土博物館」徒歩2分
〈料〉無料　〈駐〉あり（市役所立体駐車場）
〈予約〉不要

漁師町時代の展示に加え、海面埋立事業以降、発展する浦安の様子も民具・文書史料、ジオラマ、大型映像などで紹介

茨城

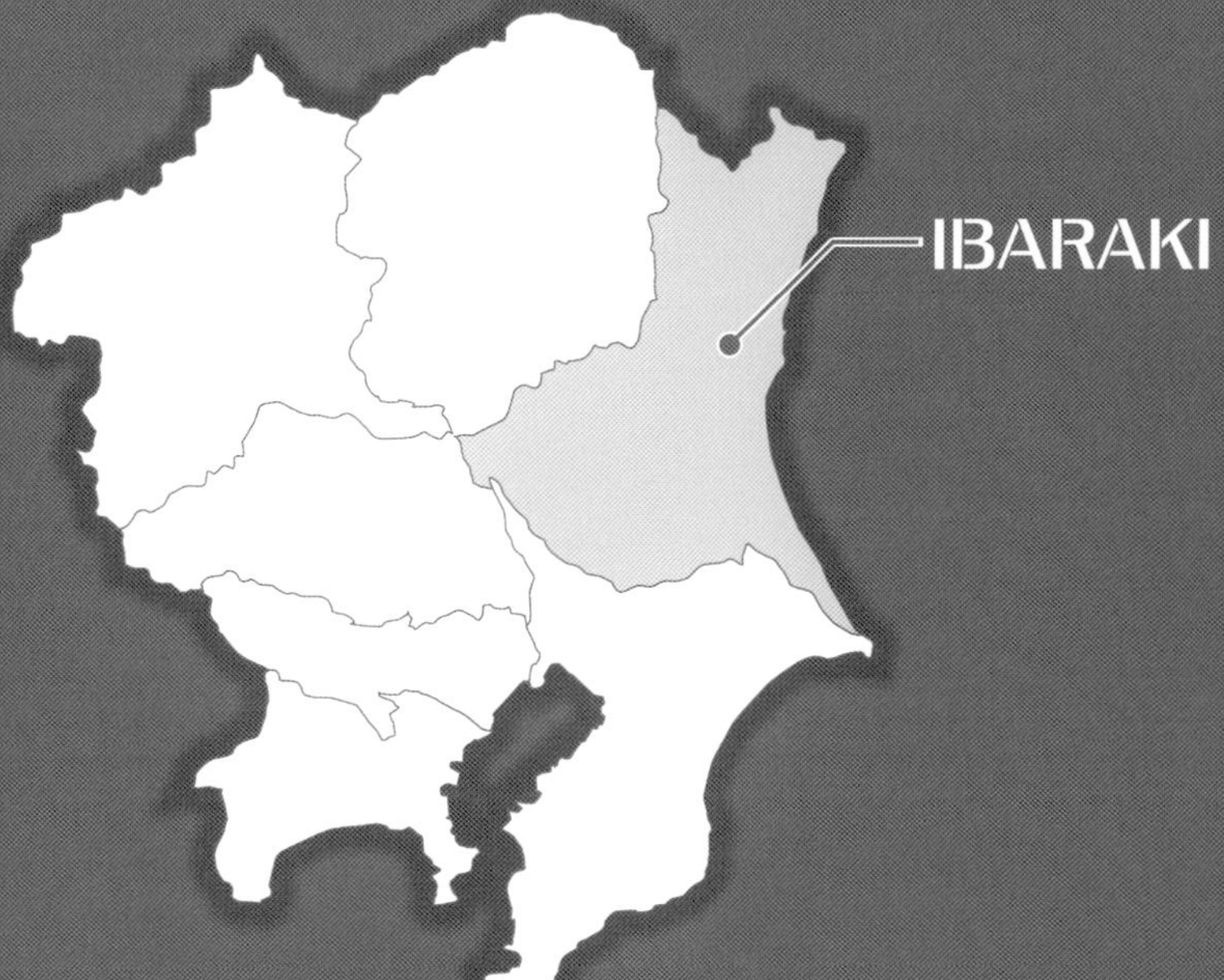

ＪＸ金属グループの歩みと創業の精神、鉱石・鉱山機械などを展示する

茨城

日鉱記念館

日本の近代化を支えた日立鉱山

銅やレアメタルなどの非鉄金属に関する先端素材の製造・販売、資源開発、製錬、金属リサイクルを行っている「ＪＸ金属グループ」の歩みは、１９０５年に遡る。創業者の久原房之助は現在の茨城県日立市にあった赤沢銅山を買収し、日立鉱山として開業。茨城県の近代鉱工業のはじまりともなった。

日立鉱山は１９８１年の閉山までの76年間、日本の近代化と経済成長に寄与。その事業は時代の要請に対応して形を変えながら、現在のＪＸ金属グループに引き継がれている。日鉱記念館は創業80周年を記念し１９８５年に日立鉱山跡地に建てられた。ＪＸ金属グループの歴史的資料・国内外の鉱石・鉱山機械などを展示するとともに、日立市の郷土史、日本の産業史・経営史も振り返ることができる展示内容となっている。

見どころ

近代化を支えた鉱山について学べる

世界各地の約 400 点の鉱石標本

本館 1 階では創業者・久原房之助、2代目社長・鮎川義介の業績やJX金属グループの歴史的資料、日立鉱山や鉱山町でのくらしを展示。本館地下には鉱山の内部を再現した模擬坑道があり、手掘りから機械掘りまでの採掘技術の変遷を実物機器と人形を用いて紹介している。実際に鉱石を手にとることができるコーナーも

鉱山資料館は、第2次大戦中の1944年に建てられた木造のコンプレッサー室をそのまま使用。大型のコンプレッサー（機械類の動力源となる空気圧縮機）・さく岩機などの様々な機材や、世界各地で産出された約400点の鉱石標本を展示している

大煙突展示エリア。創業当時、亜硫酸ガスによる公害問題が深刻化したが、久原は当時世界一の高さを誇った大煙突を建設し、問題の解決に寄与。企業と地域住民が共存共栄を目指した歴史を展示

DATA

日鉱記念館

茨城県日立市宮田町3585
TEL 0294-21-8411
9:00~16:00（入館は30分前まで）
〈休〉月曜日、祝日、年末年始、会社記念日（10月の第2週の金曜日）など
〈交〉JR常磐線日立駅よりバス「日鉱記念館前」下車徒歩５分、常磐自動車道日立中央ICより約10分
〈料〉無料　〈駐〉あり
〈予約〉団体の場合は要予約

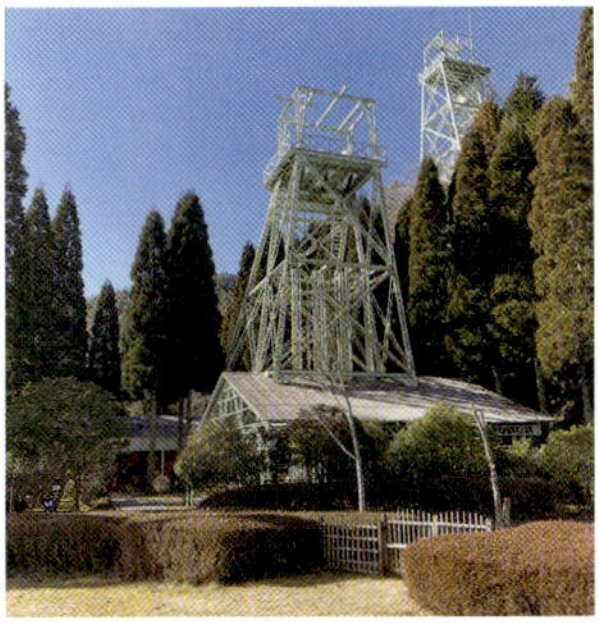

1906年から1981年の閉山まで鉱山の大動脈として活躍した「第一竪坑（たてこう）」（垂直に掘り下げた坑道）の櫓（やぐら）。向かって右奥は1951年に開削を開始した「第十一竪坑」

鋤《すき》や鍬《くわ》に始まり最先端のスマート農業までの食と農の発展をたどる

茨城

食と農の科学館

日本の食と農の進化を学ぶ

農業・食品産業技術総合研究機構（農研機構）をはじめとする、農林水産研究を行う国立研究開発法人の研究成果や農業技術の発展の歴史などを紹介しているこの施設。館内では、「食と農の大切さ」を伝えながら、日本の農林水産業の発展のために研究開発された最新の技術や成果を、模型やパネルで紹介している。

日本の農業の発展を支えてきた農具や民具の展示はもちろん、ロボットやＡＩ、ＩｏＴなどの先端技術を利用する「スマート農業」の展示では、手間のかかる水田の水管理をスマートフォンで遠隔操作する「ほ場水管理システム」やラジコン草刈り機、アシストスーツなどの実物を展示。事前に予約をすれば、ガイドが案内をしてくれるサービスもあり、小学生から農業者まで、誰もが食と農の歴史と未来を学ぶことができるだろう。

見どころ

最先端のスマート農業に驚き！

農機具の発展の歴史を知る

農研機構の「植物工場」で行っているトマト栽培の実物大模型。室温や湿度、CO_2濃度などを計測・制御し、生産量を予測しながら生産性を向上。通常栽培に比べ、3倍以上の生産量となる1平米で55kgの生産を実証。こちらではパネル展示と動画によって施設や研究の解説を行っている

農業者不足や負担の軽減が問題となる今、注目を集めているのが「スマート農業」だ。こちらは、スマートフォンで、水田の水管理ができるシステムの模型。水田に水位を感知するセンサーを付け、自動的に給水や排水を行うことができる

遺伝子組換えの研究成果も多数展示。世界初の青いキクのアクリル標本や、クラゲやサンゴの蛍光たんぱく質をカイコに作らせて生まれた蛍光の繭（まゆ）も見ることができる

DATA

食と農の科学館

茨城県つくば市観音台3-1-1
TEL 029-838-8980
9:00〜16:00
〈休〉土曜日、日曜日、祝日、年末年始等に臨時休館あり
〈交〉TXつくば駅、TXみどりの駅、JR常磐線牛久駅よりバス「農林団地中央」下車徒歩約5分、常磐自動車道谷田部ICより約5km、圏央道つくば牛久ICより約4km
〈料〉無料　〈駐〉あり　〈予約〉不要

最新技術だけでなく、農業技術発達資料館では古い農具や農業機械など230点ほどが展示されている。時代とともに農機具が発展してきた歴史も学ぶことができる

※令和7年度後半にリニューアルのため、工事期間中は臨時休館となる予定です。食と農の科学館のホームページのお知らせにご注意ください。

歴史、役割、新技術
地図や測量について
楽しく学ぼう！

茨城

地図と測量の科学館

探求心がくすぐられる学びの場

地図や測量に関する歴史、原理、仕組み、新しい技術などを総合的に展示し、生活に欠かすことのできない地図や測量の役割を楽しみながら学ぶことができる施設。展示館と地球ひろばで構成されており、屋内ラウンジでは日本列島が立体的に見える「日本列島空中散歩マップ」が出迎える。２階の常設展示室では、伊能忠敬や勝海舟などが描いた古地図や、現存する世界最古の「ベハイムの地球儀」（レプリカ）も展示されている。また、過去に地図製作に使われていた機械や、伊能忠敬が測量に使用した器具（レプリカ）なども展示。ＷＥＢ「地理院地図」の体験コーナーでは、自分の住んでいる街の地図を見たり、屋内ラウンジの「タッチず」コーナーでは、伊能忠敬が歩いた道や宿泊地を調べたりすることができる。探究心がくすぐられる場所だ。

見どころ

ガリバーの気分で日本を観察

日本列島を"登る"ことができる⁉

日本列島空中散歩マップは、3Dメガネを掛けると、10倍に強調した日本列島の山の高さや海の深さを立体的に見ることができる。10万分1の縮尺で作成しているので、1m(100cm)が100km。ガリバーになった気分で散歩すれば、国土の特徴を体感することができるだろう

1960 ~ 1983年まで運航していた測量用航空機「くにかぜ」初号機。国土地理院が地図を作成するための空中写真撮影などに使われていた

1492年に作成された現存する最古の地球儀、「ベハイムの地球儀」のレプリカ

DATA

地図と測量の科学館

茨城県つくば市北郷1
TEL 029-864-1872
9:30~16:30(入館は30分前まで)
〈休〉月曜日(祝日の場合は翌日)、12月28日~ 1月3日
〈交〉TXつくば駅よりバス「国土地理院」下車すぐ、常磐自動車道谷田部ICより約20分、圏央道つくば中央ICより約10分
〈料〉無料 〈駐〉あり 〈予約〉不要

地球ひろばにある日本列島球体模型は、20万分1の縮尺で作成されているため、大きさは直径約22m(4,400km)、高さ約2m(400km)。実際に登って日本列島を上から眺めてみよう

登録標本１７万点国内最大級の地球科学専門ミュージアム

茨城

産業技術総合研究所 地質標本館

１４０年にわたる研究成果を発信

日本における地質調査のナショナルセンターである「産総研地質調査総合センター（ＧＳＪ）」の公開施設として１９８０年に設置。以来、地球の姿と歴史、さらに個々の地質現象の本質にかかわる情報をわかりやすく紹介する役割を担い、国内最大級の地球科学専門のミュージアムとして、一般から専門家まで幅広く親しまれてきた。

常設展では、日本の地質や地下資源、海洋の地質、地球環境、火山と地熱、地震と活断層などのテーマごとに展示。また、特別展や講演会なども開催し、これまでのＧＳＪの研究活動で得られた成果を発信している。バックヤードには岩石や鉱物、化石などの登録標本が約17万点保管され、そこから常時約2千点を展示。地球を知り、地球とリンクし、共存するための知恵がここには散りばめられている。

見どころ

多様な地質情報を投影し体感

生活に関わる地質現象を深く知る

第1展示室には、日本列島を体感する「大型3Dプロジェクションマッピング」。10m大の日本列島の大型立体模型に様々な地理情報を投影できる3Dプロジェクションマッピングを展示。産総研のデータベースからシームレス地質図、活火山や活断層の分布など多様な地質情報を投影できる

第3展示室では、火山と温泉や、日本の地熱資源など、生活にも関わる地質現象が紹介されている。写真は、富士・箱根火山の地質立体模型。地表部の火山岩の分布に加え、両火山とも火山内部の様子を断面図として見ることができる

地震研究に関する紹介も。糸魚川（いといがわ）ー静岡構造線活断層系の北部に位置する神城断層で1990年代に行われた調査によって得られた活断層のはぎ取り標本も展示されている

DATA

産業技術総合研究所
地質標本館

茨城県つくば市東1-1-1
TEL 029-861-3750
9:30～16:30
〈休〉月曜日（祝日の場合は翌平日）、年末年始（12/28 ～ 1/4）
〈交〉TXつくば駅よりバス「並木二丁目」下車徒歩約5分
〈料〉無料　〈駐〉あり　〈予約〉不要

標本も数多く展示されている。写真は、1977年に北海道で発見されたデスモスチルスの前身骨格のレプリカ。ほぼ全身の骨格が残っている標本は、世界でも珍しい

美味しいきのこ料理から
キケンな毒きのこまで
きのこづくしの博物館

茨城

きのこ博士館

きのこと自然環境の大切さを学ぶ

とんがり帽子の塔屋が可愛らしい「きのこ博士館」は、１９９８年に開館した。きのこに関する様々な不思議をはじめ、山菜類、桐、竹、うるし、炭などを生み出す森の役割と、森と人の暮らしとの関わり、森の生態系について学べる施設となっている。

館内は「きのこ博士の館」という設定。「博士がきのこの研究のため世界中を飛び回っている間に、留守番を頼まれている妖精と一緒に博士の研究を覗いてみよう」というストーリーのもと、精巧な模型や標本などを通じて楽しみながら回ることができる。きのこ料理のレシピや毒きのこの特徴など、生活に役立つ情報も多い。

紹介されているきのこの種類は約90種類。おなじみのものから初めて見るものまで、こちらを見学すればあなたもきのこ博士になれるかも!?

見どころ

どんどん大きくなる きのこの成長過程

幻想的な空間に立つ「不思議な木」

館内はいくつかの部屋に分かれており、写真は「博士のきのこ工場」の部屋。シイタケやマッシュルームなどの栽培方法や、炭の生産工程などを詳しく説明している。どんどん大きくなるきのこの成長過程の展示は、思わず見入ってしまう。「博士のきのこ研究室」の部屋では珍しいきのこを見ることができる

きのこと人の関わりを、「食」「毒」「薬」のテーマで紹介する「森のレストラン」。テーブルの上に美味しそうなきのこ料理（レプリカ）が並ぶ。まさに「毒にも薬にもなる」きのこ。正しい知識を得てから、森の恵みをありがたくいただきたい

館内中央の「不思議な木」（右ページ写真）を中心に四季折々の映像が流れ、模型の昆虫やリスなどが映像に合わせて動く。写真は「不思議な木」の根元に生える様々なきのこのレプリカ

DATA

きのこ博士館

茨城県那珂市戸4603
TEL 029-297-0198
9:00~16:30
〈休〉月曜日（祝日の場合は翌日）、年末年始
〈交〉JR水郡線瓜連駅からタクシー約10分、那珂ICから約10分
〈料〉無料　〈駐〉あり　〈予約〉不要

茨城県植物園と道路を挟んで隣にある「きのこ博士館」。とんがり帽子の塔屋や、きのこの笠のような屋根が目印。「きのこ博士館」の見学後は、植物園にも足を運びたい

かつての少年の心を
思い出す
スーパーカーの聖地へ

茨城

池沢早人師《さとし》・サーキットの狼ミュージアム

憧れのスーパーカーに時を忘れる

「スーパーカーの聖地」と呼ばれる場所が茨城県神栖市にある。１９７０年代に一大スーパーカーブームを巻き起こした漫画『サーキットの狼』に登場したスーパーカーを中心に、１９６０年代から80年代のスーパーカーやスポーツカー、レーシングカーを約30台展示している。展示車には主人公の愛車「ロータスヨーロッパ」や「ディノ２４６ＧＴ」、スーパーカーの一番人気「ランボルギーニカウンタック」や「フェラーリ５１２ＢＢ」のほか、漫画に登場した架空のクルマ「ヤタベレーシングスペシャル」、「トヨタ２０００ＧＴ オープンカー」などレアなものも。ほとんどの車が実動状態であり、デモンストレーション走行では走る姿を見られることもある。少年時代にタイムスリップするようなこの場所に足を踏み入れれば、時間が経つのを忘れてしまうだろう。

見どころ

少年を虜にした懐かしの名車が勢ぞろい

池沢早人師氏の生原稿も見られる

イタリアの自動車メーカー・ランボルギーニが1974年から1990年にかけて生産・販売していた「ランボルギーニカウンタック」をはじめ、多くの少年を虜にしたスーパーカーが美しい姿のまま並んでいる

「スーパーカーグッズ・コレクション」では、スーパーカー消しゴム、スーパーカーカード、ミニカー、プラモデルなど当時のスーパーカーグッズも展示されている。懐かしいコレクションに、夢中になった当時の思いが蘇るだろう

未発表生原稿をはじめ、『サーキットの狼』連載記念や愛読者賞のトロフィー、レーシングドライバーとしても活躍する池沢早人師氏がレースで使用したヘルメットなども展示している

DATA

池沢早人師・サーキットの狼ミュージアム

茨城県神栖市息栖1127-26
TEL 0299-90-5550
10:00～16:00（入館は30分前まで）
〈休〉月曜日～金曜日（土・日曜日・祝日のみ開館）、年末年始
〈交〉東関東自動車道・潮来ICから車で15分、高速バスかしま号鹿島セントラルよりタクシーで10分、JR成田線小見川駅よりタクシーで15分
〈料〉大人800円、小・中学生・高校生400円
〈駐〉あり　〈予約〉不要

広い駐車場を擁し、オフ会も兼ねて訪れる団体も多いという。また、スーパーカーで来館する人も多く、来場者の目を楽しませている

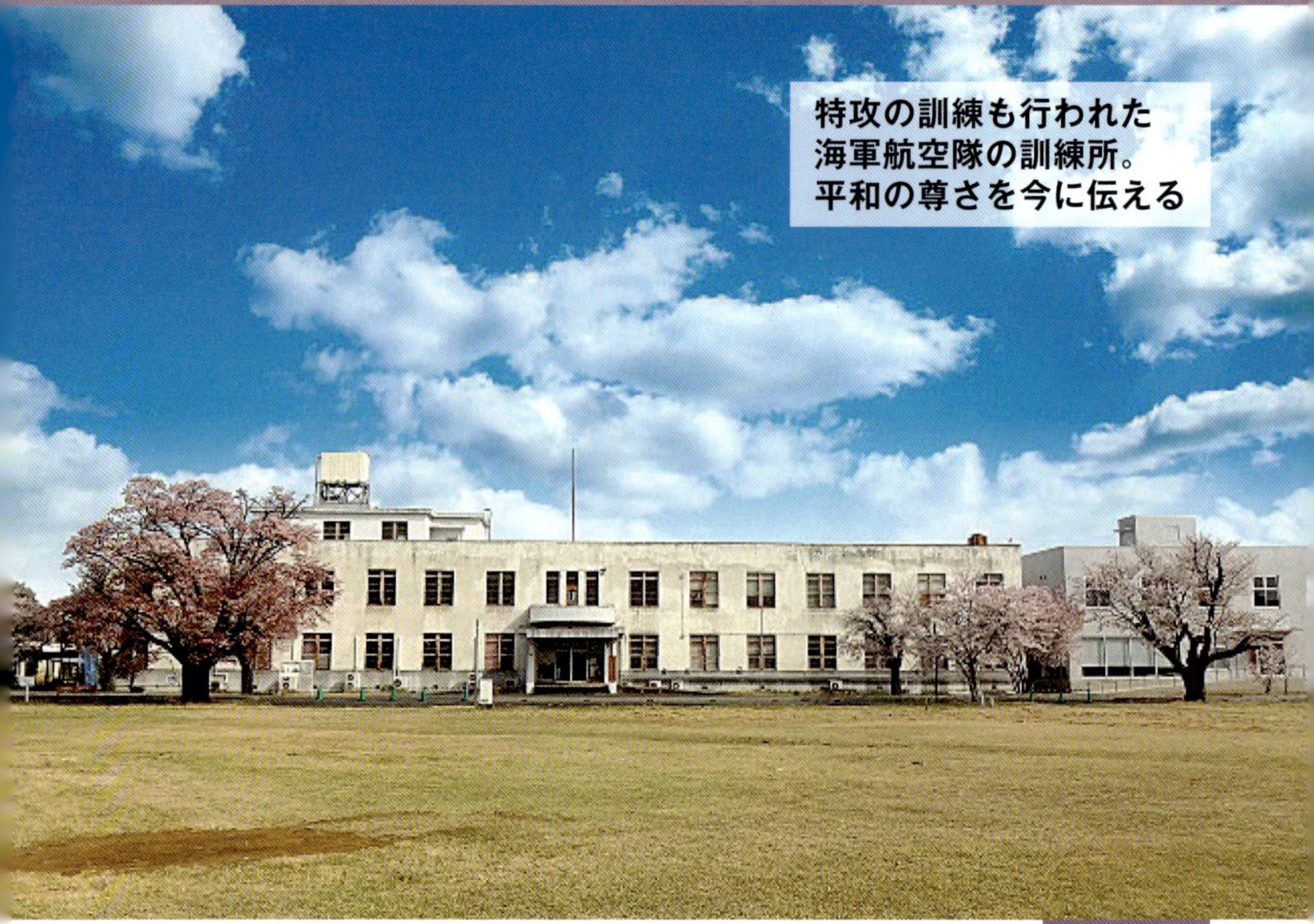

特攻の訓練も行われた
海軍航空隊の訓練所。
平和の尊さを今に伝える

茨城

筑波海軍航空隊記念館

命や平和の尊さに想いを馳せる

近年、軍事施設や空襲の遺構が戦争の記憶を伝える「戦争遺跡」として注目されているが、こちらもその一つ。筑波海軍航空隊は１９３４年、戦闘機などの操作訓練を行う海軍の練習航空隊として開隊された。太平洋戦争末期には特別攻撃隊も編成され、「特攻」の訓練も行われる。終戦とともに解隊されるが、敷地内にあった司令部庁舎は戦後も残り、学校や病院など様々な形で現在まで活用されてきた。

その後、２０１３年に公開された映画『永遠の０』の物語上の舞台、撮影地として旧司令部庁舎に注目が集まったことをきっかけに、期間限定公開を経て、２０１８年に筑波海軍航空隊関連資料などを展示する展示館を併設してリニューアルオープン。筑波海軍航空隊および戦争に関する記録の収集・保存・公開を行っている。

見どころ

ほぼ当時のままの姿で残る建物

本土決戦に備えた地下戦闘指揮所

旧司令部庁舎の中央階段。庁舎は1938年に建てられた地上3階の鉄筋コンクリート造で、外観は海軍の象徴である船を模した形をしている。ほぼ当時のまま現存しており、天井、窓などの細部についても当時のものを見ることができる。併設する展示館では筑波海軍航空隊に関する展示や戦争経験者のインタビュー映像を上映している

戦況が悪化し、本土防衛を目的とした戦闘機隊基地の役割が課せられた「地下戦闘指揮所」（土日のみ公開、要予約）。本土決戦で庁舎が使えなくなったときに備え、1945年2月に完成した。6つの部屋と2本の通路で形成されており、奥行きは30mほど

「零式艦上戦闘機二一型」の原寸大レプリカ（土日のみ公開、要予約）。2011年に公開された映画『聯合艦隊司令長官 山本五十六　太平洋戦争70年目の真実』の撮影のため製造されたもの

DATA

筑波海軍航空隊記念館

茨城県笠間市旭町654
TEL 0296-73-5777
9:00～17:00（入館は1時間前まで）
〈休〉火曜日（祝日の場合は翌日）、年末年始
〈交〉JR常磐線・水戸線友部駅よりバス
「友部第二小学校前」下車徒歩10分、
常磐自動車道友部SA・スマートICより15分
〈料〉大人（18歳以上）500円、小人（小学生以上）400円。
※記念館＋地下戦闘指揮所＋零戦模型見学（土日のみ）
共通入場券は大人800円、小人（小学生以上）700円
〈駐〉あり　〈予約〉不要（地下戦闘指揮所のみ必要）

新展示館2階に展示されている隊員の写真。筑波海軍航空隊では終戦までの間に1500人以上が操縦訓練を受け、学生ら約70人の尊い命が特攻により失われた

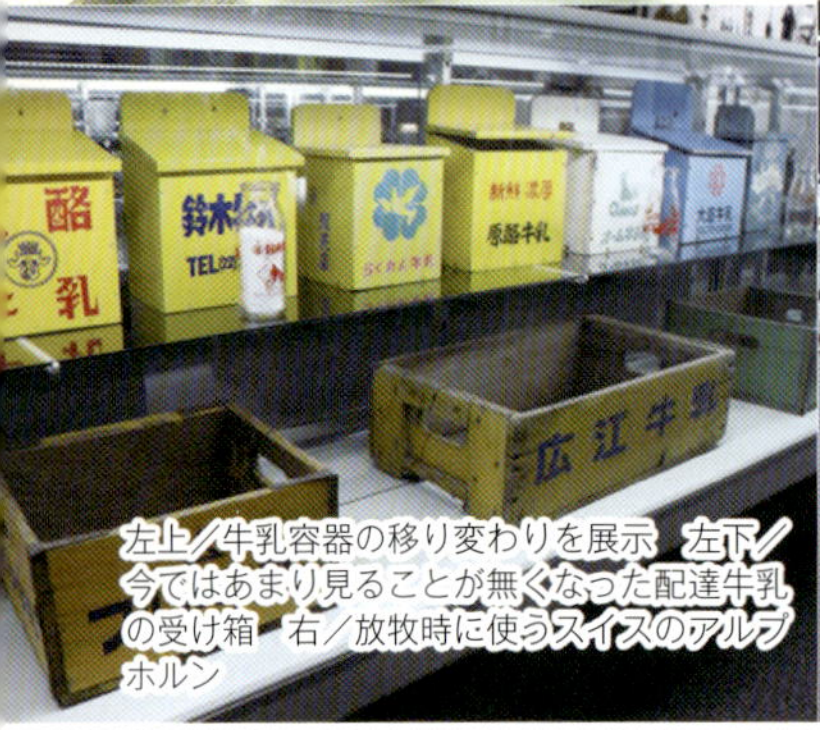

もっと牛乳が好きになる！
牛と牛乳にまつわる、日本でも珍しい博物館

左上／牛乳容器の移り変わりを展示　左下／今ではあまり見ることが無くなった配達牛乳の受け箱　右／放牧時に使うスイスのアルプホルン

見どころ

牛乳瓶のコレクションが充実！
様々な形のカウベルやホルン

茨城

牛乳博物館

世界の乳業・酪農のことなら何でも

世界の乳業・酪農に関する日本でも珍しい博物館で、「公益財団法人中田俊男記念財団」が運営。1956年に乳業専業メーカーとして創業した「トモヱ乳業株式会社」の社長・中田俊男氏が世界約150都市から収集した資料5千点以上を展示。

館内は「牛の種類と進化」「牛と宗教」「世界の日本の酪農器具」「世界と日本の牛乳加工器具」「牛乳の流通器具」「その他牛乳関連品」のテーマで構成。牛乳のことをより身近に感じられる博物館だ。

博物館見学と牛乳工場見学がセットで楽しめる

DATA

牛乳博物館

茨城県古河市下辺見1955
TEL 0280-32-1111
10:00～／14:00～　1日2回
〈休〉日曜日、年末年始、その他
〈交〉JR宇都宮線古河駅よりバス
「思案橋」下車徒歩1分、
圏央道五霞ICより約20分
〈料〉無料　〈駐〉あり　〈予約〉必要

栃木

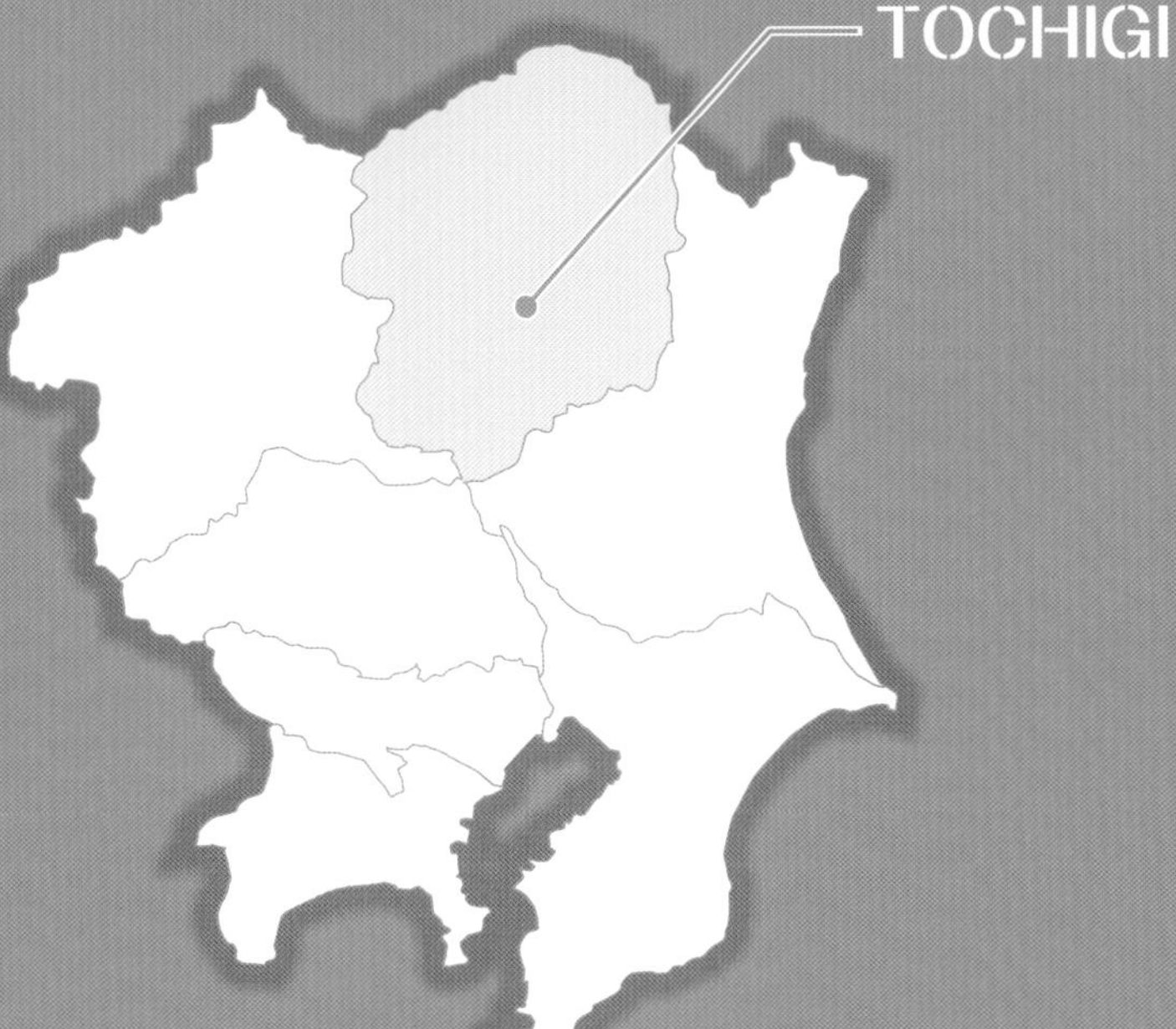

むかしの
おもちゃと
あそび道具
・大正・昭和

おもちゃを通じ、創造することの楽しさ、楽しいときを創る喜びを伝える

栃木

おもちゃのまち バンダイミュージアム

世界のおもちゃが大集合

栃木県には、「おもちゃのまち」という地名がある。かつて玩具メーカーの研究施設や工場が建ち並び、高度経済成長期には一大生産拠点となり、世界中の子どもたちに夢と、楽しいときを提供してきた。その地に現在建つのが「おもちゃのまちバンダイミュージアム」。『「楽しいときを創る』きっかけを創る」をコンセプトに、おもちゃの歴史や、おもちゃを通してものづくりの楽しさ、創造することの素晴らしさを伝えている。

「日本のおもちゃ」「西欧を中心としたアンティークトイ」「エジソンの発明品」「ホビー(ガンダム)」の4つのテーマミュージアムで構成され、約35,000点のコレクションの中から厳選されたコレクションを展示。昔懐かしいものから最新のおもちゃまで、様々な世代が笑顔になれる場所である。

見どころ

世界トップクラスのエジソンコレクション

実在した炭鉱街を再現した大型ジオラマ

エジソンミュージアムでは、世界トップクラスの質を誇るエジソン発明品コレクションを展示。蓄音機や白熱電球などの発明品や、彼の考え方、人間性や情熱に触れることで、新しい発想や創造力を育み、発明やものづくりの面白さ、素晴らしさ、努力することの大切さを感じることができる

ワールドトイミュージアムでは、ロンドンおもちゃ・模型博物館より受け継いだ約7,000点のコレクションから厳選したおもちゃを展示。ヨーロッパのアンティークなドールハウスを中心としたジオラマを見つめるとその世界に引き込まれてしまいそう

1924年の大英帝国博覧会に出展された炭鉱街の大型ジオラマ「モデルコールマイン」。イギリス人夫妻が18年をかけ、実在した産業革命後の炭鉱街の一日の様子を、約170体の人形などで再現した

DATA

おもちゃのまちバンダイミュージアム

栃木県下都賀郡壬生町おもちゃのまち3-6-20
バンダイコレクションセンター内
TEL 0282-86-2310
10:00～16:30（入館は30分前まで）
〈休〉火曜日、水曜日、年末年始 ※臨時休館あり
〈交〉東武宇都宮線おもちゃのまち駅より徒歩10分、JR宇都宮線石橋駅よりタクシーで15分、北関東自動車道壬生ICより車で5分
〈料〉高校生～64才1,000円、65才以上800円、4才～中学生600円、3才以下無料
〈駐〉あり 〈予約〉不要

日本のおもちゃのコーナーには、江戸時代から近年流行したおもちゃまでを展示。貴重なブリキおもちゃや日本初のキャラクター玩具、戦隊シリーズのロボットなどが集結

たばこで栄えた茂木町の歴史に触れ、昭和の暮らしを覗いてみよう

左上／等身大の鉄人28号の模型　左下／ちゃぶ台のある昭和の茶の間を再現　右／たばこ屋を再現。「青い山脈」のポスターも

見どころ

たばこで栄えた町の歴史を知る
鉄人28号は人気の撮影スポット

栃木

もてぎ昭和館

昭和レトロへタイムスリップ

茂木町はかつて葉たばこの栽培とたばこ製造で栄え、たばこと塩の製造・専売を行う「日本専売公社」の工場があった。町では現在「昭和レトロのまちづくり」を掲げ、昭和の街並みが色濃く残る中心市街地に「もてぎ昭和館」を2024年にオープン。レトログッズや懐かしいポスターなどと共に、たばこで繁栄した茂木の歴史を伝えている。戦後の名曲『青い山脈』を作詞した西篠八十《やそ》と茂木町のつながりを解説した展示もある。

懐かしいホーロー看板

DATA

もてぎ昭和館

栃木県芳賀郡茂木町茂木1659-2
TEL 0285-63-5644
10:00～16:00
〈休〉月曜日、火曜日（祝日の場合は翌平日）
〈交〉真岡鐵道茂木駅より徒歩約5分、友部ICより車で約40分、真岡ICより車で約40分
〈料〉無料　〈駐〉あり　〈予約〉不要

左上／蔵の中では栃木の歴史や祭りが紹介されている　左下／庭園には美しい音色を響かせる水琴窟があり、数寄屋造りの離れも建っている　右／三味線を弾き、都々逸（どどいつ）を謳う語り部ロボット

黒塀と白壁の風情ある町並みと、まるで人間のような動きのロボット

見どころ

精巧なロボットに驚き！

「蔵の街」の周辺散策も楽しい

栃木

塚田歴史伝説館

江戸時代の舟運の歴史を知る

栃木市内を流れる巴波川《うずまかわ》は江戸時代、舟運が盛んで、利根川を経由して江戸との往き来が行われた。現在も川沿いに黒塀と白壁の土蔵が続き、一帯は「蔵の街」と呼ばれ観光名所になっている。「塚田歴史伝説館」は弘化年間（1844～48）から木材問屋を営んできた豪商「塚田家」の邸宅と土蔵を公開している施設。三味線を弾く語り部ロボット、栃木の伝説「うずま川秘話」の人形芝居ロボット（2名より上演）は必見だ。

江戸の風情が息づく蔵造りの町並み。巴波川には遊覧船も運航している

DATA

塚田歴史伝説館

栃木県栃木市倭町2-16
TEL 0282-24-0004
9:30～16:30（入館は30分前まで）
〈休〉月曜日（祝日の場合は翌平日）
〈交〉JR両毛線・東武日光線「栃木駅」より徒歩10分
〈料〉大人700円、小・中学生350円
〈駐〉あり　〈予約〉不要

化石が多く産出する葛生
太古のロマンに想いを
馳せる化石博物館

栃木

佐野市葛生《くずう》化石館

化石・石灰のまち、葛生から発信

佐野市の葛生地区には、約2億7千万年前に形成されたとされる「葛生石灰岩地域」が広がっている。太古のサンゴや貝類などが堆積してできた石灰岩。近代以降は、セメントの製造や製鉄に不可欠なものであることから、葛生は全国有数の石灰産出地として日本の近代化を支えてきた。明治時代以降は化石の発掘も進み、1968年には数十万年前に生息したニッポンサイの全身骨格が見つかるなどの歴史的な発見も多い。

博物館の前身は旧葛生町の郷土資料室で、2005年に葛生石灰岩地域の化石を紹介する「佐野市葛生化石館」としてリニューアルオープン。主に石灰岩が生成された古生代ペルム紀前期から中期（※1）の化石と、石灰岩の間に堆積する新生代第四紀更新世後期（※2）の化石を展示している。

※1　約2億7千万年前から約2億6千万年前
※2　約50万年前から約5万年前

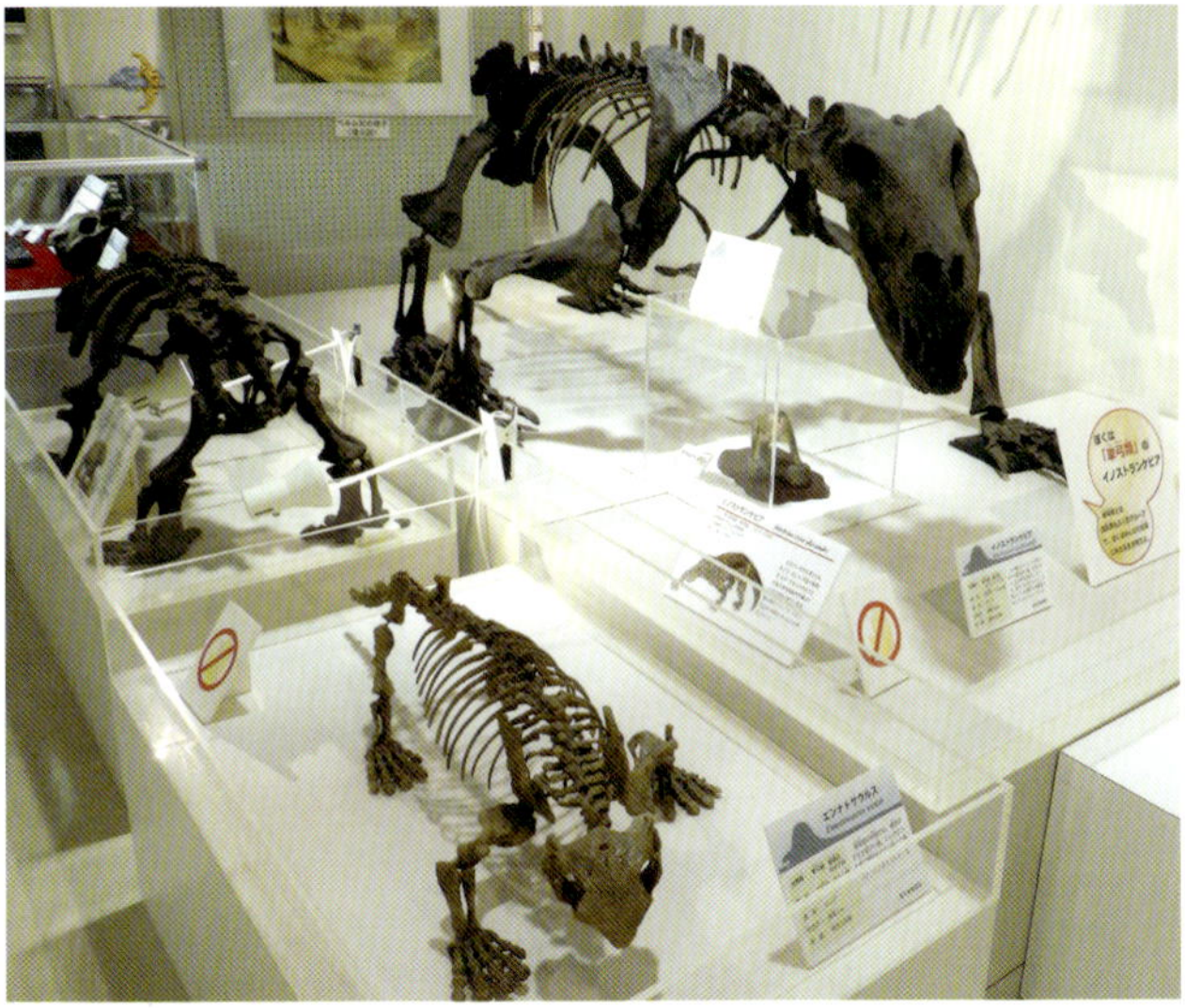

見どころ

イノストランケヴィアの骨格標本

ニッポンサイの幼体の骨格標本

古生代ペルム紀に陸上で生きていた「イノストランケヴィア」（写真奥）の全身骨格模型があるのは国内ではここだけで、たいへん貴重なもの。イノストランケヴィアはサーベル状の長い犬歯を持つ生き物で、こちらの化石館で展示されているものの体長は3mほどになる。太古の昔に思いを馳せよう

かつてこの辺りはゾウやサイといった巨獣の住む場所で、数十万年～数万年前の動物たちの化石が多く見つかっている。関東で初めて産出したナウマンゾウや、ニッポンサイ、ヤベオオツノジカといった佐野ゆかりの動物の骨格標本を展示している

1968年、佐野市内の石灰岩採掘場から全身がほぼ揃った形のニッポンサイの化石が見つかった。その際に産出した復元骨格模型を展示。隣に生きていた時を再現した生態復元模型も並べている

DATA

佐野市葛生化石館

栃木県佐野市葛生東1-11-15
TEL 0283-86-3332
9:00 ～ 17:00
〈休〉月曜日（祝日の場合は翌平日）、年末年始
〈交〉東武佐野線葛生駅より徒歩8分
〈料〉無料　〈駐〉あり　〈予約〉不要

古生代ペルム紀のフズリナ類（写真はフズリナ石灰岩）やウミユリ類、腕足動物類など、かつて海で生息した生き物の化石をはじめ、石灰岩の工業的利用についても紹介している

愛らしい少女からおじいちゃんまで、姿も性格も様々な妖精に会える

栃木

うつのみや妖精ミュージアム

様々な妖精に会いに行こう

子どもの頃、妖精が登場する児童文学や絵本、映画、アニメに触れた人も多いだろう。有名どころでは『ピーター・パン』に出てくるティンカー・ベル。妖精は音楽やバレエなどにも取り上げられ、子どもから大人まで幅広く親しまれている。

こちらはそんな妖精にまつわる様々な資料を集めたミュージアム。宇都宮市出身で日本の妖精学研究の第一人者・井村君江氏と同市出身の実業家・齋藤文男氏から絵画や書籍などの妖精関係作品の寄贈を受け、2007年にオープンした。

また、美術品だけでなく指で軽く触れるだけでページがめくれる「不思議な妖精図鑑」や、シェイクスピア『夏の夜の夢』の一場面をモチーフにした「不思議なオルゴール」など、体験型展示も充実。見て・触れて・聞いて楽しめるミュージアムだ。

見どころ

ファンタジー作品の妖精に会えるかも!?

イギリスやケルトの文化も学べる

ウィリアム・ホームズ・サリヴァン「魅惑された笛吹き」(1882年)。バグパイプの音楽に合わせ、妖精たちが輪の中で踊っている様子を描いている。この輪のことを「フェアリー・リング(妖精の輪)」と呼び、様々な妖精画で取り入れられたモチーフだが、実はキノコの胞子によって草地が円形に枯れた跡のことを表現している

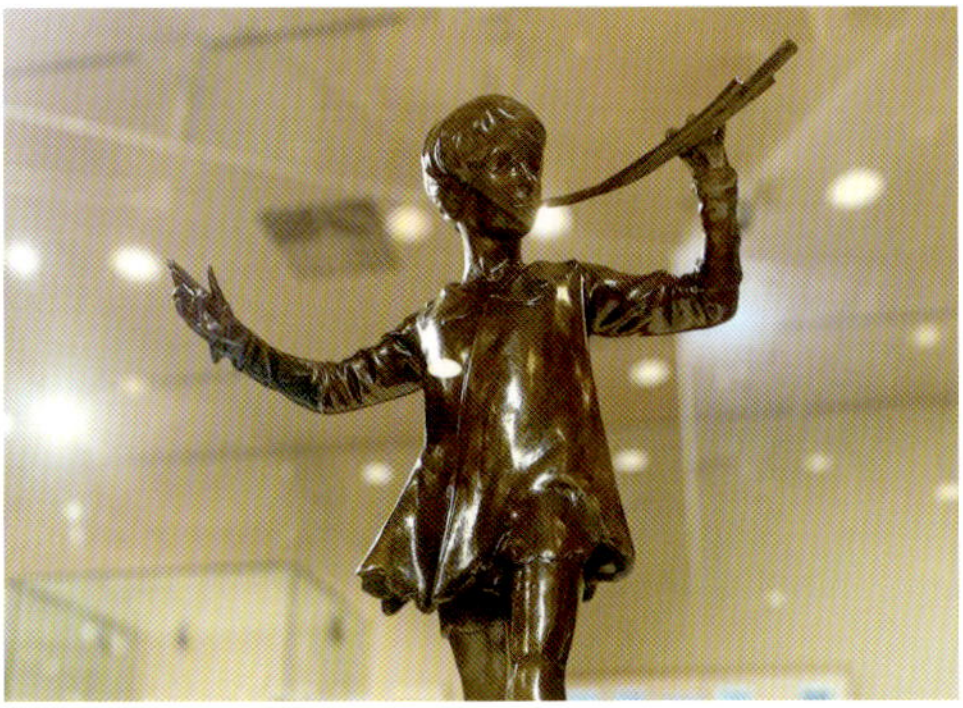

ロンドンのケンジントン公園にあるピーター・パン像（彫刻家ジョージ・フランプトン作）と同型とされるブロンズ像(製作年不明)。ケンジントン公園は、作家のジェームズ・マシュー・バリーが『ピーター・パン』の着想を得た場所といわれている

人形作家の若月まり子氏による妖精のビスクドール「ヘリオトロープの妖精」(2007年)。ビスクドールとは素焼の磁器（ビスク）で作られた人形のことで、19世紀のヨーロッパで流行した

DATA

うつのみや妖精ミュージアム

栃木県宇都宮市馬場通り4-1-1　うつのみや表参道スクエア内　市民プラザ5階
TEL 028-616-1573
9:00～19:00
〈休〉毎月第1月曜日（祝日の場合は翌平日）、年末年始
〈交〉JR宇都宮駅より徒歩20分またはバス「馬場町」下車徒歩2分、東武鉄道東武宇都宮駅より徒歩15分
〈料〉無料 〈駐〉あり 〈予約〉不要

軽く触れるだけでページがめくれる「不思議な妖精図鑑」。アイルランド、イングランド、スコットランド、コーンウォール、ウェールズ、マン島に伝わる妖精の伝承が読める

足尾銅山の隆盛期に
貴賓客が接遇を受けた
和洋折衷の迎賓館

栃木

古河掛《かけ》水《みず》倶楽部

「東洋一の銅山」の迎賓館

江戸時代初期の１６１０年に発見された足尾銅山は、明治初期に古河市兵衛による経営に移り、日本の産銅の約半分を生産するに至って「東洋一の銅山」と呼ばれるようになった。「古河掛水倶楽部」は１８９９年に建設され、足尾銅山への来客の宿泊施設や会合の場として使用された。

現在は古河機械金属株式会社の所有施設で、２００６年には国登録有形文化財に指定され、休日には一般見学も受け付けている（冬季は休館）。敷地内では栃木県指定有形文化財であり当時の足尾鉱業事務所の所長、課長などの社宅であった「掛水重役役宅」や、足尾銅山をはじめとする様々な鉱山で採掘された鉱石を展示する「鉱石資料館」、明治・大正・昭和期に足尾銅山で使用していた電話機を展示する「銅山電話ミニ資料館」も見学できる。

見どころ

明治～昭和の銅山経営の資料

近代建築の粋を間近に見られる

明治末期に一部改築を行い、洋風の２階建て建築となった。応接室や撞球（どうきゅう）（ビリヤード）場、広い食堂など貴賓客をもてなすにふさわしい造りや、マントルピース（※）やピアノなど当時の貴重な調度類が多く見られる。食堂には珍しい調度品が特に多く置かれており、実際に椅子に腰かけての休憩が可能。

※ 暖炉の周囲の、壁に取り付けた装飾

撞球場には国産で最も古い時代のビリヤード台や、足尾銅山の歴史に関する資料が展示されている。新館の2階では2024年7月から一万円札の顔となった渋沢栄一と古河市兵衛との関わりについて展示。日本の近代を牽引した財界人たちの足跡を辿ろう

公害問題、労働争議を経験した足尾鉱業所第10代所長・小田川全之（まさゆき）はアメリカで提唱されていた「Safety First」を「安全専一」と訳して、日本の事業場で初めて安全第一運動を始めた

DATA

古河掛水倶楽部

栃木県日光市足尾町掛水2281
TEL 0288-93-3255
（土日祝は末尾2015）
10:00～15:30（入館は1時間前まで）
〈休〉平日、冬季（12月～4月中旬）
〈交〉わたらせ渓谷鐵道足尾駅より徒歩5分
〈料〉大人500円、小中学生300円
〈駐〉あり
〈予約〉不要（平日は10名以上の予約で見学可）

1911年に幹部社員向けに造られた社宅を使用した「鉱石資料館」では、足尾鉱山で採掘された黄銅鉱、黄鉄鉱、方鉛鉱（ほうえんこう）、水晶など国内外で採掘された銅鉱石を中心に約200点を展示

 写真提供：古河機械金属株式会社

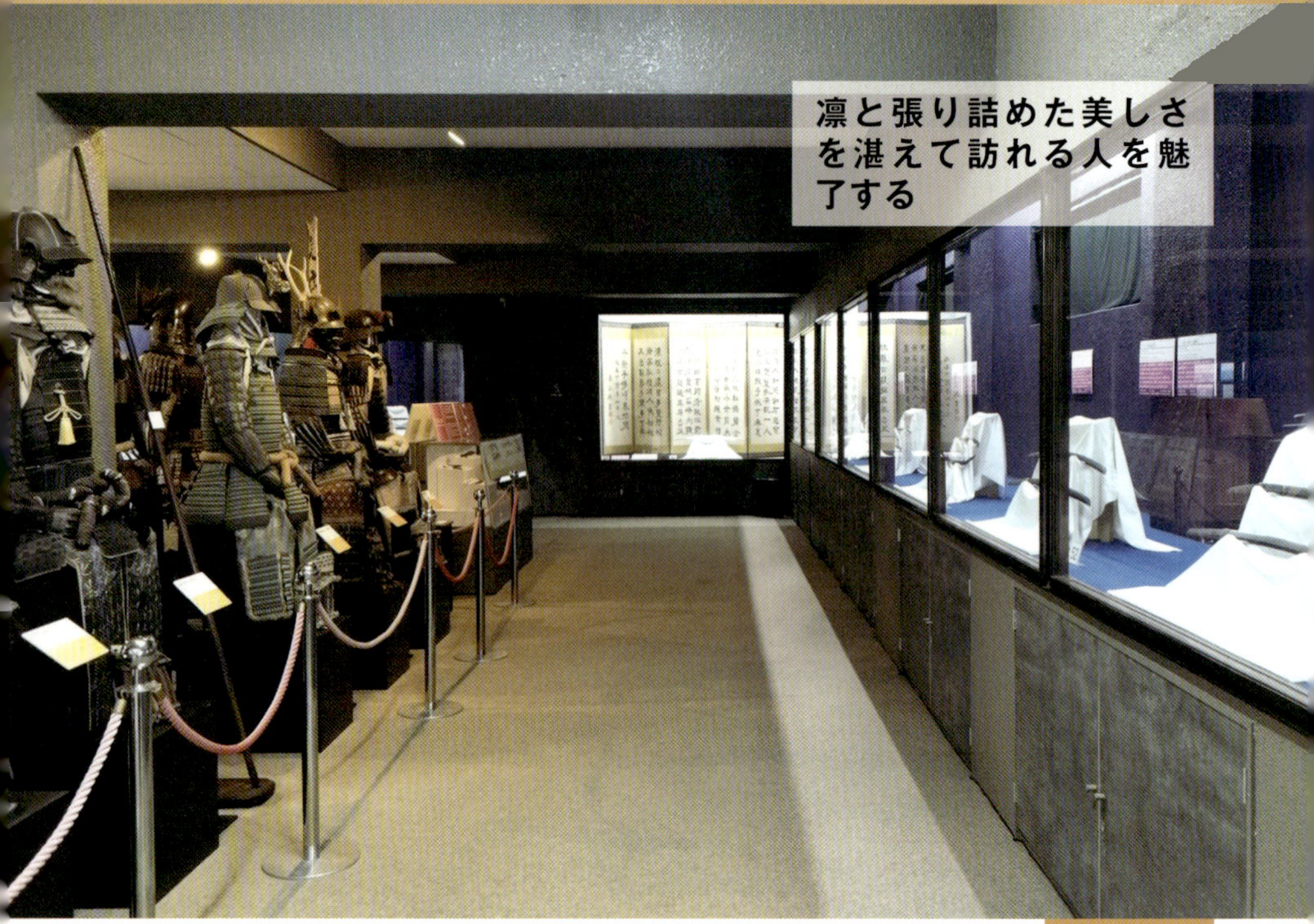
凛と張り詰めた美しさを湛えて訪れる人を魅了する

栃木

さむらい刀剣博物館

きらりと鋭く光る日本刀に魅せられる

千年以上の歴史を有し、武士の魂とされてきた日本刀。武具としてはもちろん、祭具、贈答品、家宝としても扱われ、人々は畏敬の念を持って日本刀に接してきた。その心は現代にも受け継がれ、刀剣を愛好する人は数多く、展覧会は盛況ぶりを見せる。

こちらは常設で約60振を展示する、刀剣ファンにはたまらない博物館だ。栃木県出身の刀匠・研師の柳田福《ふく》津《つ》久《ぐ》氏が１９９４年に創設し、国内外から収集した約２０００振の刀を所蔵。それらを順次交換しながら展示している。太刀・刀・脇差・短刀といった刀剣の他、柄《つか》や鞘《さや》などの「拵《こしらえ》」（刀の外装）、火縄銃、鎧・甲冑なども展示。刀剣愛好家をはじめ、ゲーム『刀剣乱舞』などをきっかけに日本刀に関心を持った人々も訪れており、刀剣の魅力を多くの人に伝えている。

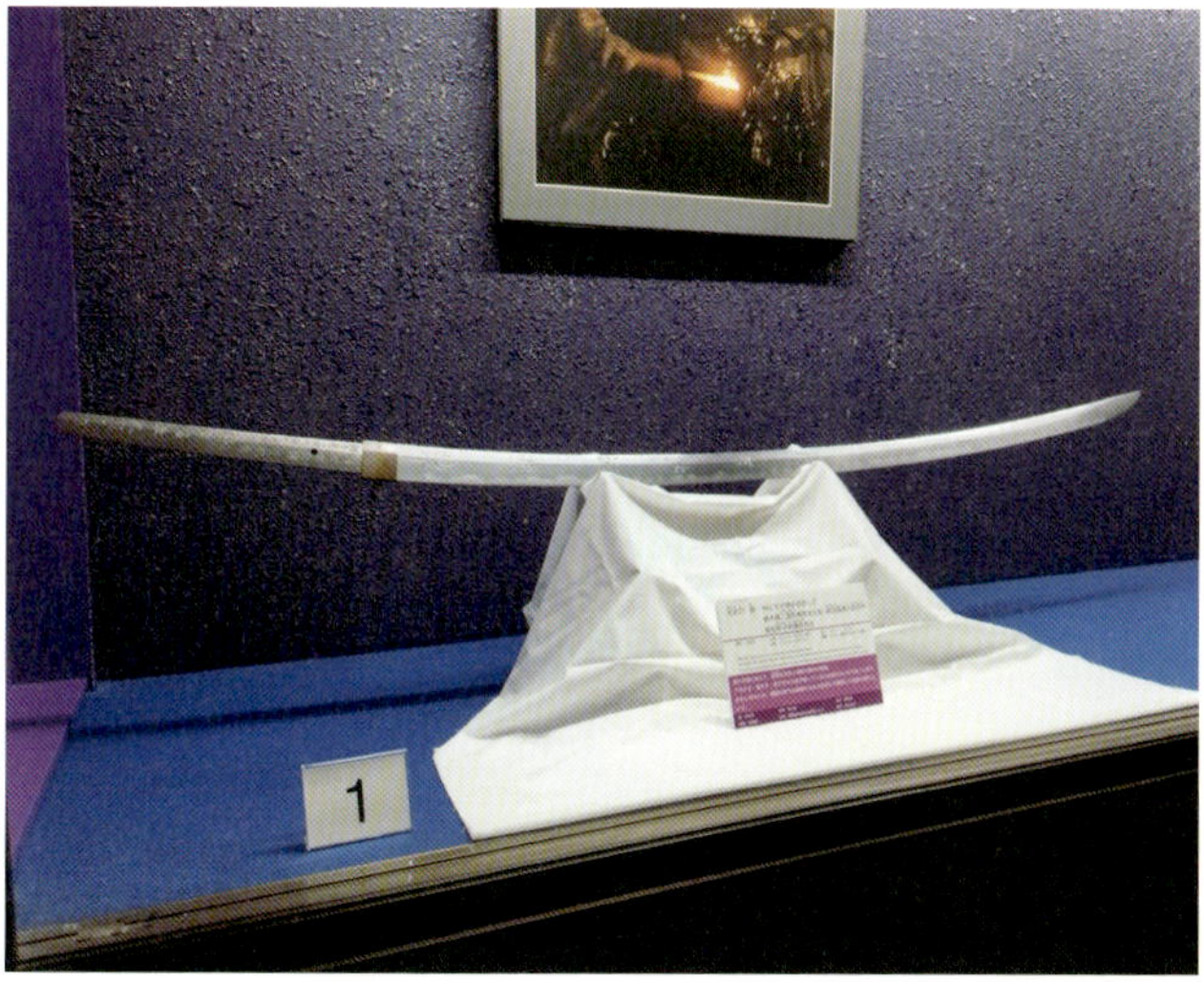

見どころ

全長172.5cm! 館長自作の大太刀は必見

火縄銃、鎧・甲冑などもズラリと展示

1984年に開催された博覧会「とちぎ博」を記念して、館長の柳田福津久氏が作った大太刀。柳田氏は栃木県二宮町（現在の真岡市）の無形文化財保持者。こちらの大太刀は全長172.5cm、重量4kg（通常の4倍以上の重さ）というビッグサイズ！ 大きすぎて使えないのでは？と思うかもしれないが、戦国の世では大太刀を好んで使用した武将もいたという

古代から近世まで、時代ごとに刀を展示。名刀が制作された産地（大和、備前、山城、相州、美濃）に伝わる刀工の流派「五ヶ伝」の展示も充実。「栃木県·茨城県の刀」（写真）「新選組」「世界の刀剣」「刀剣の次世代（古式銃）」などのコーナーもある

アメリカ・アリゾナ州にある「バリンジャー・クレーター」の隕鉄（鉄とニッケル合金からなる隕石）。隕石は日本刀の原料として使われたこともある。こちらでは実際に触れることができる

DATA

さむらい刀剣博物館

栃木県真岡市大根田20-9
TEL 0285-74-2846
9:00～17:00（入館は30分前まで）
〈休〉月曜日（祝日開館、翌日も開館）、年末年始
〈交〉真岡鐵道久下田駅より徒歩20分、JR小金井駅よりタクシーで約25分、北関東自動車道真岡ICより約20分
〈料〉大人1,500円、75歳以上1,000円、中学生以下無料
〈駐〉あり 〈予約〉不要（20名以上は要予約）

刀剣だけでなく、火縄銃、十手、鎧・甲冑などの展示もあるため、見飽きることがない。毎月第4日曜日の15:00からは、実際に刀を持つことができるイベントも開催

町田忍の博物館レポート

大谷《おおや》資料館

幻想的な地下空間が広がる

栃木県宇都宮市北西部の大谷町一帯で採れる緑色凝灰岩《りょくしょくぎょうかいがん》の「大谷石」に関する資料館です。私は旅番組の取材で行ったことがありますが、駅からバスで向かう道すがら、蔵や塀に大谷石を使っている家が多いこと！大谷石は加工しやすく、防火性にも優れているそうです。資料館に行ってトンボ返りするのはもったいないので、ぜひ町歩きも楽しんでみてはいかがでしょうか。

資料館では手掘りの時代に使っていたツルハシや、採掘機などを展示しています。

何よりも圧巻なのは、地下採掘場跡。ひんやりと涼しく、広さ2万㎡、深さ30ｍにも及ぶ巨大な地下空間です。間接照明が岩肌を照らして幻想的。音も響くので、よく撮影やコンサートなどにも使われていますね。

1919年から1986年まで約70年をかけて大谷石を掘り出して出来た巨大な地下採掘場跡。戦争中は軍の秘密工場として利用された

採掘のための様々な道具や機械を展示

資料館の近くの大谷寺には、大谷石で造られた高さ27mの「平和観音」がある。(2000年頃、町田忍撮影)

大谷資料館

栃木県宇都宮市大谷町9092
TEL 028-652-1232
4月～11月9:00～17:00、12月～3月9:30～16:30（入館は30分前まで）
〈休〉12月～3月は火曜（祝日の場合は翌日）、年末年始、臨時休館有り
〈交〉JR宇都宮駅よりバス「資料館入口」下車徒歩5分、東北自動車道宇都宮ICより15分
〈料〉大人800円、小人400円
〈駐〉あり 〈予約〉不要

群馬

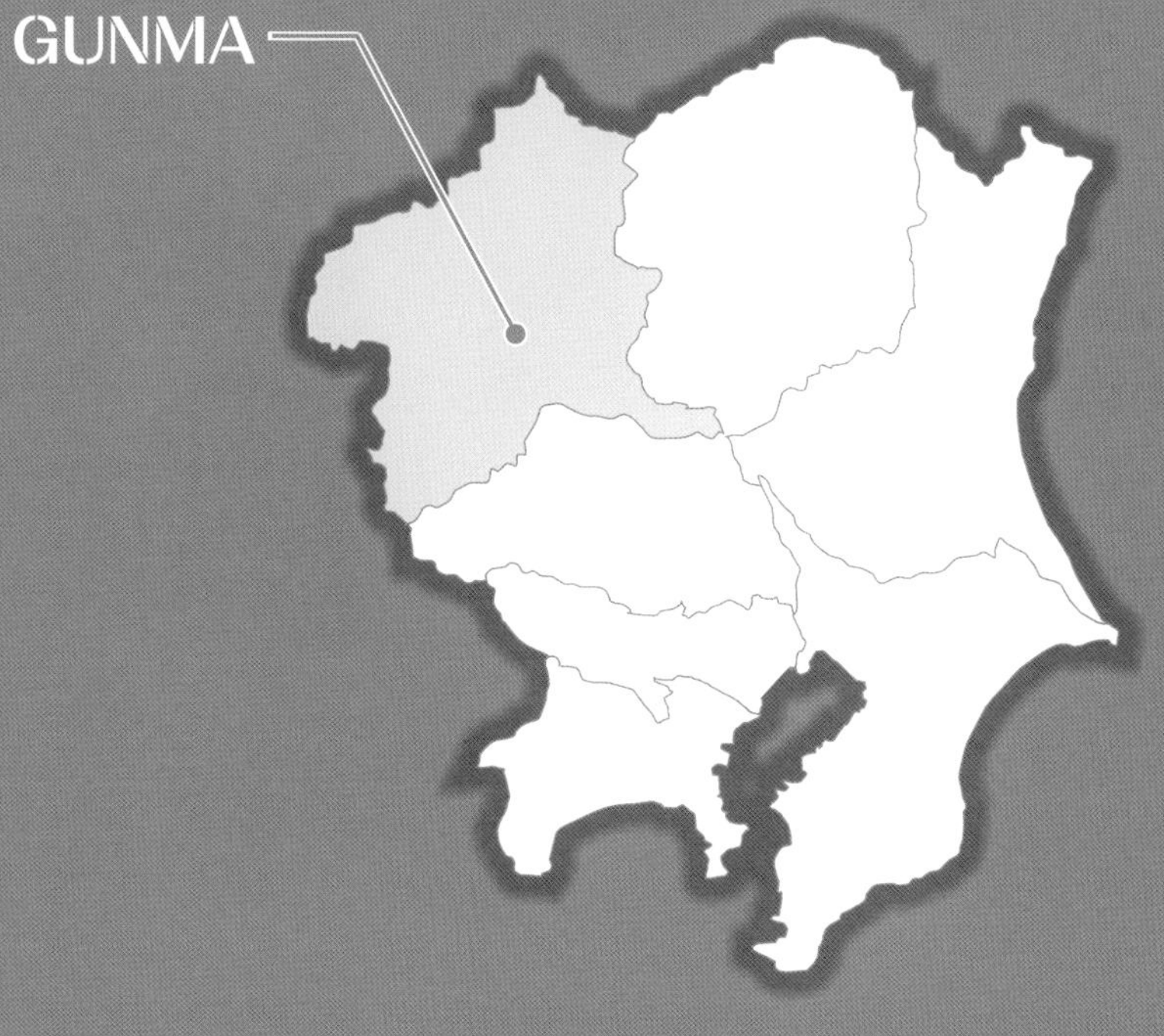

少女のファンレター
から繋がった夢二と
伊香保

群馬

竹久夢二伊香保記念館

大正ロマンを代表する、竹久夢二作品が彩る癒しのテーマパーク

1911年、伊香保に住む少女からのファンレターがきっかけで、その地を知った竹久夢二。度々訪れ、伊香保をこよなく愛するようになった夢二は「榛名山美術研究所」を設立する夢を抱くが、志半ばで病に倒れる。「竹久夢二伊香保記念館」設立者の木暮享館長は、夢二の書簡や「生活と美術を結ぶ」という考えに触れ、その夢の実現へと動いた。所蔵作品の多くは夢二研究の第一人者である長田幹雄氏からの寄贈によるもの。本館「黒船館」「大正ロマンの館」では1万6千点に及ぶ収蔵品の中から肉筆美人画、風景画、版画、書籍、デザイン画など様々な作品を紹介する。その他、子ども向け雑誌の挿絵などを展示する「子供絵の館」や、四季折々の山野草や小鳥のさえずりに癒される「大正ロマンの森」など、夢二作品が導く世界に心躍ること間違いなしだ。

Photo by Web magazine Colla:J

見どころ

美人画だけじゃない！
作品の幅広さに注目

アンティーク調度品
に心惹かれる

1981年の開館当初、本館は「大正ロマンの館」のみだったが、夢二の代表作「黒船屋」を所蔵したのち、1995年に「黒船館」を増築。館内の「夢二ホール」では、アンティークオルゴールの演奏（解説付き）や、夢二作品を取り囲むアンティーク調度品や照明器具も必見だ

日本庭園に囲まれた新館「義山楼」は、木暮亨館長が長年の研究を重ね、夢二の絵から感じ取った「美と心」を、庭園・建物・展示空間など各所に散りばめた美術館。館内では、明治・大正期の美しい和ガラスが見る人を魅了する

Photo by Web magazine Colla:J

年数回展示替えを行っている企画展では、様々な分野の作品を紹介。美人画、本の装丁画、図案、風景画など、その画業の幅広さに驚かされ、それまで抱いていた夢二像が変わった、との声も

DATA

竹久夢二伊香保記念館

群馬県渋川市伊香保町伊香保544-119
TEL 0279-72-4788
9:00～17:00
〈休〉年中無休（臨時休館あり）
〈交〉JR渋川駅よりバス「見晴下」下車徒歩すぐ、JR高速バス「上州ゆめぐり号」「見晴下」下車徒歩すぐ、渋川・伊香保ICより約10km
〈料〉普通券1,800円、本館と新館の共通券2,200円、中学生以下無料（保護者同伴）
〈駐〉あり　〈予約〉不要

特別展示室には屏風「榛名山賦」（はるなさんふ）や「青山河」（せいさんが）が展示されている（写真は「榛名山賦」）。夢二の晩年を支えたといっても過言ではない、伊香保・榛名との縁（ゆかり）ある作品だ

門をくぐるとそこはフランス。シャンソンの歌声と庭園に癒される

群馬

日本シャンソン館

世界初、シャンソンのミュージアム

日本で唯一、そしてシャンソンの本場フランスでも類を見ない世界初のシャンソンをテーマにしたミュージアム。シャンソンをより多くの人に親しんでもらうために、シャンソン歌手の芦野宏氏によって１９９５年に開館した。芦野氏はＮＨＫ紅白歌合戦に10回連続で出場し、国内外で半世紀以上にわたり活躍。２０１０年には「一般社団法人 日本シャンソン協会」の会長に就任したシャンソン界の重鎮だ。

展示室では芦野宏氏の足跡を振り返る各種の資料や、国内外のシャンソン歌手のステージ衣装やアクセサリー、楽器、レコードジャケットなどを展示。映像ホールではコンサート映像などを上映している。日本のシャンソンの歴史を紡いできたシャンソニエ（シャンソンを聴かせるお店）に関する展示や、花々が美しい庭園も見どころだ。

見どころ

時代を彩ったシャンソン歌手の愛用品

モネの愛した庭をイメージした庭園

19世紀末から20世紀初頭にかけてパリが繁栄した華やかな時代「ベル・エポック」。当時の雰囲気を彷彿とさせるシャンソニエを再現し、定期的にライブも開催。バーカウンターは1932年のフランス映画『巴里祭』主人公のアンナが働いていたカフェのカウンターと同時期のものをフランスで入手し、映画のシーンを再現

淡谷のり子、エディット・ピアフ、越路吹雪、イヴ・モンタン…時代を彩ったシャンソン歌手の舞台衣装やアクセサリー、楽器などが並ぶ。銀座の「銀巴里」で使われていたピアノや、赤坂の「ブン」の看板など、シャンソニエの名店の貴重な品々も展示

1968年、赤坂の一ツ木通りの片隅に誕生し、古き良きパリの香りを伝えたシャンソニエの名店「ブン」。店内の雰囲気を再現した一角では、写真やポスター、通りを彩った看板も展示

DATA

日本シャンソン館

群馬県渋川市渋川1277-1
TEL 0279-24-8686
9:30~17:00（入館は30分前まで）
〈休〉水曜日（祝日の場合は開館）、年末年始
〈交〉JR上越線・吾妻線渋川駅より徒歩約8分、関越自動車道渋川伊香保ICより20分
〈料〉大人1,000円、小中学生500円、未就学児無料
〈駐〉あり　〈予約〉不要

クロード・モネの愛した庭をイメージして造られた庭園。パリの街角にあるようなカフェ「ロゾー」では庭園を眺めながらドリンク、スイーツ、ランチや軽食をいただける

自然災害により
埋没した、
江戸時代の集落

群馬

やんば天明泥流ミュージアム

天命泥流に埋没した人々の暮らし

八ッ《やん》場《ば》ダム建設工事にともなう大規模な発掘調査が行われる中、広範囲に発見されたのは、1783年（天明三年）、浅間山の大噴火により発生した「天明泥流」で埋没した村落だった。「やんば天明泥流ミュージアム」は、その被害の全貌を紐解きながら、当時の村々の景観や人びとの暮らしを今によみがえらせ、体感してもらうことを目的としたミュージアムだ。テーマ展示室では、八ッ場が歩んできた道のりを、発掘された土器や石器などの特徴から多彩に紹介。また、1911年に建てられ、八ッ場ダム水没地より一部を移築した県内最古級の木造校舎には町ゆかりの郷土資料も展示している。江戸時代の人々の暮らしと、「天明泥流」という過去の火山災害を今に伝える展示を通し、自然災害を「正しく恐れる」意識をより強く持つことができるだろう。

見どころ

江戸時代の暮らしの一端が感じられる

自然災害の恐ろしさを再確認できる

泥流に襲われ倒壊した建物の一部。江戸時代の木製品がこれほど良い状態で出土するのは珍しい。「天明泥流展示室」では、発掘された様々な展示資料をはじめ、模型や実際に触れて体験できる展示などで、「天明泥流」という自然災害と当時の生活文化を体感しながら学べる

江戸時代後期の八ッ場の日常生活の様子から、浅間山の大噴火、村が天明泥流に襲われるまでのストーリーを、発掘調査の成果をもとに再現し、上映している。幅約7m、高さ約4mの大画面スクリーンで、映画館さながらの臨場感だ

天明泥流の堆積がわかるはぎ取り模型。厚いところで3メートルも堆積した。突如として人々の平穏な暮らしを一変させてしまった泥流の恐ろしさを体感する展示だ

DATA

やんば天明泥流ミュージアム

群馬県吾妻郡長野原町林1464-3
TEL 0279-82-5150
9:00〜16:30（入館は30分前まで）
〈休〉水曜日（祝日の場合は翌平日）、年末年始
〈交〉JR吾妻線長野原草津口駅より
　循環バスで約10分
〈料〉一般600円、小中学生400円
〈駐〉あり　〈予約〉不要

建物は八ッ場ダム湖（八ッ場あがつま湖）のほとりの高台にある。草津温泉や軽井沢からのアクセスも良い

大蛇も白蛇も大集合！
ヘビとの記念撮影や
楽しいイベントも人気

群馬

ジャパン・スネークセンター

心ゆくまでヘビに触れあえる

日本で唯一、ヘビにまつわる様々な研究を行っている一般財団法人「日本蛇族学術研究所」。ヘビ類の分類、生態の研究をはじめ、蛇毒の研究や毒蛇に咬まれた時の病理学的研究、医療機関へのアドバイスなども行っている。専門性の高い研究を行う一方、一般公開の施設「ジャパン・スネークセンター」も運営し、世界各地の様々なヘビを飼育展示。資料館でははく製や骨格標本等を展示し、パネル等で解説している。動物園としての役割も果たしており、小さな子どもがいる家族も気軽に訪れるスポットになっている。

展示するのは世界各国の40種類以上、２００匹ほどのヘビ。「ヘビとのふれあい体験教室」「毒蛇のお話」「ハブからの採毒実演」「ヘビレース」「ヘビの身体測定」「ヘビのお食事タイム」等、楽しいイベントも盛りだくさんだ。

見どころ

見回せばヘビ、ヘビ、ヘビの園内

大蛇とふれあい、記念撮影しよう！

「ハブの採毒実演」では、沖縄や奄美諸島に生息している毒ヘビ・ハブの牙から毒を採る様子を見ることができる。また、本土で身近な毒ヘビであるニホンマムシ、ヤマカガシについても解説。咬まれた時の対策方法も説明してくれる。実演の後は、アオダイショウなど無毒でおとなしい蛇との触れあいタイムが待っている

日曜、祝日の10:30 ～ 16:00のみ開催している「ヘビとの記念撮影」は、中～大蛇が1,000~3,000円、中～特大蛇が1,500~5,000円。大蛇や白蛇、カラフルなニシキヘビなど、好みのヘビを指名して一緒に記念撮影できる

熱帯雨林の水辺に生息する世界最大種のオオアナコンダ。スネークセンターでは飼育・生態展示しているほか、骨格標本も展示。こちらの標本は5mの大きさで、その迫力に圧倒される

DATA

ジャパン・スネークセンター

群馬県太田市藪塚町3318
TEL 0277-78-5193
3~10月9:00~17:00、
11~2月9:00~16:30（入館は1時間前まで）
〈休〉金曜日（祝日、夏休みは営業）
〈交〉東武線藪塚駅より徒歩15分、車で5分。
北関東自動車道太田藪塚ICより15分、
太田強戸スマートICより10分
〈料〉大人1,000円、4歳～小学生500円
〈駐〉あり　〈予約〉不要

こちらは「熱帯蛇類温室」。他にも「毒蛇温室」「大蛇温室」があり、屋外にはシマヘビやマムシを放し飼いにし、観察できる「野外放飼場」がある

坊主頭やおかっぱ頭、鼻たれ小僧が走り回った昭和にタイムスリップ

見どころ

ノスタルジーを感じる教室や廊下
石原和三郎、今泉嘉一郎に関する資料

左上／昔の教室を再現した部屋　左下／神戸駅の待合室を再現。時刻表や駅名標を掲示　右／2001年に国の登録有形文化財となった

群馬

旧花輪小学校記念館

郷愁をそそる木造校舎

旧花輪小学校は群馬県みどり市東町（旧勢多郡東村）に明治6年（１８７３）に開校。現在の校舎は東町出身の今泉嘉一郎（現ＪＦＥホールディングス創業者）の寄附によって昭和初期に完成し、廃校となった今もほぼ当時のままの姿で残っている。

童謡『うさぎとかめ』を作詞した東町出身の石原和三郎に関する展示や、足尾線（現在のわたらせ渓谷鐵道）の神戸《ごうど》駅の待合室を再現した展示室もあり、鉄道ファンにとっても興味深い場所だ。

うさぎとかめのからくり人形

DATA

旧花輪小学校記念館

群馬県みどり市東町花輪191
TEL 0277-97-2922
10:00～16:00（入館は30分前まで）
〈休〉月曜日（祝日の場合は翌平日）・12月28日～1月4日
〈交〉わたらせ渓谷鐵道花輪駅より徒歩5分、北関東自動車道太田藪塚ICより車で約50分
〈料〉一般200円、小中学生50円
〈駐〉あり　〈予約〉不要

町田忍の博物館レポート

碓《う》氷《すい》峠《とうげ》鉄道文化むら

憧れの機関士を体験！

碓氷峠といえば、信越本線の横川駅～軽井沢駅間（1997年9月30日廃止）の急勾配が有名な、鉄道ファンの聖地。その歴史を伝えるこちらの施設には、全国で活躍した本物の鉄道車両がたくさん展示されています。何よりもスゴイのは、実際に急勾配の碓氷峠を走っていた電気機関車「EF63形電気機関車」を運転できるところ！私も２回体験したことがあります。予約をして、まず座学で講習を受けるんです。試験に受かると免許をもらえて、それで運転できるように。重さ108トンの機関車を自分の手で動かせるのは感動ものですよ。停止線にぴったり止めるのが難しかったですね。熱心な人は何百回と来ているそうで、回数を重ねれば２両を連結して運転することもできます。

実際に使われていた碓氷峠の急勾配の線路を体感できるトロッコ列車、石炭を使用した園内遊具「あぷとくん」や「ミニSL」も運行

運転体験用EF63形電気機関車

直流電気機関車 EF53 2
（2001年、町田忍撮影）

碓氷峠鉄道文化むら

群馬県安中市松井田町横川407-16
TEL 027-380-4163
3月～10月9:00～17:00、11月～2月9:00～16:30（入園は30分前まで）
〈休〉火曜日（祝日の場合は翌平日）、年末年始
〈交〉JR信越本線横川駅より徒歩2分
〈料〉中学生以上700円、小学生400円、未就学児無料（運転体験はHP参照）
〈駐〉あり 〈予約〉不要（運転体験は必要）

EF63形電気機関車運転体験証明書

受講番号 0688
住所 東京都[redacted]
氏名 町田 忍
生年月日 S25/05/12
電話番号 [redacted]

貴方は碓氷峠鉄道文化むらのEF63形電気機関車運転体験講習課程を修了しその資格を修得した事を証明します。

H13/04/18

財団法人 碓氷峠交流記念財団
碓氷峠鉄道文化むら

修了試験を終えるともらえる修了証と制帽（旧国鉄時代のデザイン）

INDEX

索引

あ

か

さ

た

首都圏から行く 個性派ミュージアム案内
おとなの好奇心を満たす博物館へ

2024年12月20日　　　　第1版・第1刷発行

監　修　　　町田 忍（まちだしのぶ）
発行者　　　株式会社メイツユニバーサルコンテンツ
　　　　　　代表者　大羽 孝志
　　　　　　〒102-0093　東京都千代田区平河町一丁目1-8
印　刷　　　株式会社厚徳社

◎『メイツ出版』は当社の商標です。

● 本書の一部、あるいは全部を無断でコピーすることは、法律で認められた場合を除き、
　 著作権の侵害となりますので禁止します。
● 定価はカバーに表示してあります。
© エー・アール・ティ,2024 ISBN978-4-7804-2959-6 C2026 Printed in Japan.

ご意見・ご感想はホームページから承っております
ウェブサイト　https://www.mates-publishing.co.jp/

企画担当：折居かおる